高等职业院校人力资源管理专业全国统编教材

人力资源管理专业文书

全国人力资源和社会保障职业教育教学指导委员会组织编写

主　编：官　翃
副主编：王晓欢　谭　奔
编　者：官　翃　代　霞　龙国莲　王晓欢
彭　花　严巧云　李　娟　刘玉龙
伍贤达　陈贝贝　谭　奔　钟琼乳
主　审：官　翃
审　稿：官　翃　伍贤达　王晓欢　代　霞
龙国莲　严巧云　李　娟　刘玉龙
陈贝贝

中国劳动社会保障出版社

图书在版编目(CIP)数据

人力资源管理专业文书/官翊主编. -- 北京：中国劳动社会保障出版社，2021
高等职业院校人力资源管理专业全国统编教材
ISBN 978-7-5167-4691-2

Ⅰ.①人… Ⅱ.①官… Ⅲ.①人力资源管理-应用文-写作-高等职业教育-教材
Ⅳ.①F243

中国版本图书馆 CIP 数据核字(2020)第 206872 号

中国劳动社会保障出版社出版发行
(北京市惠新东街 1 号 邮政编码：100029)
*
北京市白帆印务有限公司印刷装订 新华书店经销
787 毫米×1092 毫米 16 开本 14.75 印张 262 千字
2021 年 1 月第 1 版 2021 年 1 月第 1 次印刷
定价：35.00 元

读者服务部电话：(010) 64929211/84209101/64921644
营销中心电话：(010) 64962347
出版社网址：http://www.class.com.cn

高等职业院校人力资源管理专业
全国统编教材编委会

序

“高等职业院校人力资源管理专业全国统编教材”与读者见面了。这套教材是全国人力资源和社会保障职业教育教学指导委员会（以下简称人社行指委）组织编写的第一套针对高职院校人力资源管理专业的综合性教材，是人力资源管理专业学生的参考教材和学习资料。

一、教材组织编写的背景

习近平总书记指出“人才是实现民族振兴、赢得国际竞争主动的战略资源”，党的十九大报告明确提出“人才强国”战略，对新时代高等职业院校人力资源管理专业人才培养提出更高要求。

我国在高等职业院校开设人力资源管理专业 30 多年，该专业规模大、布点多。教育部公布的最新数据显示，全国开设人力资源管理专业的本专科院校共有 750 所，其中高职院校 288 所，平均每五个院校就有一所开设人力资源管理专业，毕业生规模为每年 1.2 万～1.4 万人。为满足迅速发展起来的人力资源管理专业教学需要，有关部门和高校组织编写了一系列教材，为这一专业的教学、人才培养、学科发展做出了贡献。但应该看到，由于我国人力资源事业发展变化较大、教材编写人员水平参差不齐等，人力资源管理专业教材建设从总体上讲还相当薄弱，存在体系不健全、内容陈旧、大量交叉重复等问题。这些问题不解决，不仅影响教学活动的顺利进行，而且影响这一专业的健康发展。

2015 年教育部印发了《普通高等学校高等职业学校（专科）专业目录》，为了更好地培养符合经济社会发展需求的高职人力资源管理专业人才，人社行指委受教育部委托，在对人力资源管理相关行业、企业、学校及毕业生展开广泛调研的基础上，组织全国相关院校优秀专家对人力资源管理专业教学标准进行了修订，并于 2019 年由教育部正式公布执行。

2019 年，人社行指委副主任委员单位北京劳动保障职业技术学院牵头组织的人力资源管理专业教学资源库已经正式列入国家职业教育资源库，并上线运行。人力资源管理专业教学资源库的建设和应用主要满足在校学生的学习需求、教师的教学及专业建设需求、社会学习者的自我学习及科普需求，建立在校学生学习资源中心、教师课程建设实践中心和社会学习者科普中心。在“互联网+”的应用模式下，建立与各学习中心相匹配的定制化学习路径，从而满足用户在PC端、平板端和手机端等各种工具的随时随地学习需求。

鉴于以上背景，基于对人力资源管理专业及这一专业人才培养高度负责的精神，人社行指委组织全国高等职业院校的优秀专家学者，编写了这套“高等职业院校人力资源管理专业全国统编教材”。

二、教材组织编写的原则

这套教材在编写伊始，即确定了五项编写原则：

1. 紧扣专业教学标准，突出职业教育特色。根据人力资源管理专业教学标准的培养目标及其对知识体系的要求，确立完整的课程体系和教材体系，充分满足该专业的学历教学和专业人员知识培训的需要。

2. 突出理论与实践相统一，强调实践性。适应项目学习、案例学习、模块化学习等不同学习方式和要求，注重以真实项目、典型任务、案例等为载体组织学习单元。

3. 立足现实，反映前沿，力求创新。在教材建设中，既反映已经成熟或公认的理论与学术思想，又能够反映具有代表性的人力资源领域的最新理论、最新技术和方法，在理论体系、结构框架、体例格式和写作风格上有自己的特色。

4. 立足高起点、权威性。为确保这一目标的实现，主编一般为教学经验丰富的一线人力资源管理专业教师，多位主编是人力资源管理专业国家级教学资源库的相应课程负责人，以确保教材能够满足适用性、权威性和先进性的要求。审稿人全部是人力资源管理领域的权威专家，由他们对大纲和成稿进行把关，以确保教材的理论性、系统性和科学性。

5. 线上线下，衔接开发。在教材开发上，与人力资源管理专业国家教学资源库配套开发，在课程设置、案例选用上充分发挥教学资源库的作用，使教师在使用教材的同时可以在教学资源库中找到相应的素材辅助教学，实现教材与教学库资源的配套使用。

三、教材的体系设计

本套教材的体系设计紧紧围绕人力资源管理专业教学标准的要求，请教学标准的执笔专家、审定专家进行解读，整理归纳出要开设的基础课和专业核心课，并与人力资源管理专业国家教学资源库相匹配。全套教材共13种，具体是《人力资源管理基础》《招聘与测评实务》《薪酬管理实务》《绩效管理实务》《培训管理实务》《劳动法理论与实务》《人力资源服务实务》《人力资源管理专业文书》《管理基础与实务》《员工关系管理实务》《组织行为管理实务》《劳动经济基础》《人力资源第三方服务实训》。

人力资源管理专业建设还处于逐步完善阶段，在人力资源事业发展过程中还会不断出现新情况、新问题。这套教材的编写也只能是反映人力资源事业发展的阶段性成果。希望广大人力资源管理专业教师和学生多提宝贵意见和建议，我们将在今后的修订改版过程中不断更新教材内容，提高教材水平，打造人力资源管理专业领域的精品教材，为人力资源管理专业学生能力和素质提升提供有力支持。

高等职业院校人力资源管理专业全国统编教材编委会

2021 年 1 月

前 言

人力资源管理专业文书是人力资源管理专业的一门基础课程，人力资源管理专业文书在人力资源管理工作中具有覆盖面广、专业性强、使用频次高的特点，是规范进行人力资源管理工作所必需的工具和手段。2019 年人力资源管理专业教学资源库正式列入国家专业教学资源库，《人力资源管理专业文书》成为该资源库中的一门标准化课程。本着满足高职人力资源管理专业理实一体化教学改革、配合人力资源管理专业国家教学资源库开展线上线下混合教学的需要，我们编写了本教材。《人力资源管理专业文书》涵盖了人力资源管理中人力资源规划、招聘与配置、培训与开发、绩效管理、薪酬福利管理、劳动关系管理等各个模块相关文书的写作。本教材按照项目模块化编写，体例编制以人力资源管理业务模块为主线，兼顾应用文行文及属性进行分类。内容分为九个项目，包括：认识人力资源管理文书；文书的基础知识；人力资源管理常用行政公文类文书（下行文，决定、通知、通报、纪要）；人力资源管理常用行政公文类文书（上行文，报告、请示）；人力资源管理常用行政公文类文书（平行文，函）；人力资源管理通用事务文书（计划类、总结类、规章制度类）；人力资源管理业务文书（劳动关系管理常用文书）；人力资源文书管理；人力资源管理文书测试。

教材编写分工如下：项目一：长沙民政职业技术学院官翃；项目二：长沙民政职业技术学院龙国莲；项目三：长沙民政职业技术学院官翃、严巧云；项目四：长沙民政职业技术学院官翃、伍贤达；项目五：长沙民政职业技术学院李娟；项目六：长沙民政职业技术学院代霞、彭花；项目七：长沙民政职业技术学院王晓欢、湖南大湘人力资源集团有限公司谭奔；项目八：长沙民政职业技术学院陈贝贝、刘玉龙；项目九：长沙浏阳市人力资源和社会保障局钟琼乳、长沙民政职业技术学院官翃。全书由官翃统稿。

本教材具有以下 4 个特点。

1. 突出职业能力训练

在人力资源管理各项工作中，需要大量运用各类专业文书进行管理、协调、沟通和处理事务，文书写作与管理的规范化是人力资源管理工作效率化、标准化、科学化的基本要求，掌握正确的书面表达能力是人力资源管理人员应具备的重要能力之一。

本教材立足人力资源管理实务工作，培养正确规范的人力资源文书写作能力，以项目、任务为载体，结合人力资源规划、工作分析、员工招聘、员工培训与开发、绩效管理、薪酬设计及劳动关系管理等几大职能模块进行专业基础文书设计与写作，为培养职业型人才奠定基础。

2. 体现理实一体化

在内容编排上，基于人力资源管理的真实情境及能力要求进行设计，理论与实践能满足真实的岗位要求。每个项目由主题案例导入，提出问题，引出本项目学习目标，带着问题与学习目标进入知识准备、业务演练，力求最大限度地满足人力资源管理专业文书课程理实一体化教学的需要。

3. 构建专业性的学习体系

一般相关文书写作教材要么偏重于日常应用文写作的理论，要么偏重于将各种专业文书简单的类型化，少有立足人力资源管理工作的整合型专业文书教材。本教材按照项目模块化编写，内容体系编制以人力资源管理业务模块为主线，兼顾应用文行文及属性进行分类，辅以基础写作理论，结合人力资源管理的实务工作，强调人力资源管理中主要文体知识的学习与写作训练，突出实用性、实务性和写作能力的延伸性。

4. 嵌入信息化教学资源，满足线上线下混合教学需要

《国家职业教育改革实施方案》提出“倡导使用新型活页式、工作手册式教材并配套开发信息化资源”。本教材的大量实训项目及拓展阅读内容均来自人力资源管理专业国家教学资源库，使得教学使用与资源库有效衔接，既促进了资源库的应用，也满足了线上线下混合教学需要。

本教材广泛吸取和参考了国内专家同行有关文书写作成果，在此表示诚挚的谢意！尽管本书编写人员付出了很大努力，但由于编者水平有限，本教材一定还存在许多问题和不足，恳请广大读者批评指正。

编者

2021 年 1 月

目录

CONTENTS

人力资源管理
专业文书

CONTENTS

目录

项目一

认识人力资源管理文书

【项目说明】

本项目主要对人力资源管理文书的基本作用、与应用文的关系进行概括说明，并明确人力资源管理文书写作的能力要求。

【项目导入】

一、主题案例

新型冠状病毒肺炎疫情下的人力资源管理工作指引

各职能部门、城市公司、事业部、专业公司、项目：

为做好疫情防控和服务保障工作，根据国家、地方政府以及上级单位发布的有关通知，结合集团公司实际情况，对相关人力资源管理工作指引说明如下。

一、假期和开工时间

1. 各单位员工假期原则上按国家、地方政府的相关规定执行，其中集团公司运营管理部、财务部直管人员，城市公司、事业部、专业公司的外地项目（部门）人员按所在地政府的相关规定执行。

2. 项目员工（含专业公司集成员工）按以下原则合理安排开工时间，并将有关情况报城市公司、事业部审批备案：

甲方要求提前开工的，必须以甲方要求为准，同时建议就特殊时期人员配置标准与甲方进行充分沟通，获得甲方的理解和支持。

甲方开工时间与国家、地方政府规定一致的，建议在保证项目基本运作的情况下，在假期中尽量多安排员工休假，为后续可能产生的缺编加班做准备。同时，项目经理助理以上骨干人员应至少提前两天上班，为甲方开工做好各方面的准备。

甲方开工时间晚于国家、地方政府规定的，在甲方放假期间建议在保证项目基本运作的情况下，尽量多安排员工休假，休假应优先使用年休假，年休假不足部分由各单位根据项目实际情况及岗位特点采取预休（反调休）、扣固定加班工资等方式操作。同时，项目经理助理以上骨干人员应至少提前两天上班，为甲方开工做好各方面的准备。

特殊项目（如湖北区域项目、医院类项目等）根据项目实际情况确定各级人员的开工时间。

3. 分支机构职能部门员工（含集团公司运营管理部、财务部直管人员）按以下原则合理安排开工时间，并将有关情况报集团公司人力资源部备案：

分支机构职能部门员工开工时间由分支机构根据当地政府规定结合实际工作需要确定。

分支机构职能部门经理以上人员应至少比国家、地方政府规定开工时间提前两天上班，为正式开工做好各方面的准备。

因工作需要，分支机构在假期期间可安排相关员工在家办公。

二、返工管理

1. 各单位应对照“返乡人员情况登记表”对员工是否返工及何时返工等情况进行更新，提前考虑应对方案，为正式复工做好准备。

2. 根据对人员情况的了解，应通知和要求以下情况人员暂时不得返工：

目前尚在湖北的员工暂时不得返工。各单位务必抓紧摸清仍在湖北省内的员工情况，逐一通知到位，落实到个人，并定期关注和了解其健康状况。

逗留湖北或途经湖北的员工，自离开湖北之日应自行隔离观察 14 天（返回时切勿再途经湖北），对于住集体宿舍无自我隔离条件的，未满 14 天不得返工。

与新冠肺炎病人、疑似病人有密切接触的员工，隔离或自我隔离未满 14 天的不得返工。

有发热、乏力、干咳等症状的员工不得返工。

3. 对新冠肺炎病人、疑似病人、密切接触者在其隔离治疗期间或医学观察期间以及因政府实施隔离措施或采取其他紧急措施导致未能返工的员工，各单位不得依据《劳动合同法》第四十条、第四十一条与员工解除劳动合同。在此期间，劳动合同到期的，分别顺延至员工医疗期期满、医学观察期期满、隔离期期满或者政府采取的紧急措施结束。各单位在疫情期间确需辞退员工的，必须在OA流程中进行事前审批。

4. 各单位要及时向返程员工发出健康提示，告知返程前、途中、到达后需采取的防控措施，确保返程过程中的疫情防控工作措施到位。集团公司学习平台中已有相关学习课程，各单位可转发给相关员工。

三、考勤处理

1. 延长假期和延迟复工的考勤处理

国家规定延长的3天假期中，2月2日本为休息日，实际增加假期为1月31日和2月1日两天。对于经理助理以上管理人员及职能专员，如在3天内有加班情况的，按自行调休处理；对于一线正常上班人员，如在3天内有经审批的加班情况的，按调休或加班（按休息日200%加班费标准）处理；对于一线倒班人员，1月和2月的休息日分别增加1天，实际出勤天数超过当月应出勤天数的，按调休或加班（按休息日200%加班费标准）处理。

各地政府推迟复工期间的工资（或加班工资）发放，各单位需严格按照当地政府的规定执行。待各地政策进一步明确后，集团公司另行通知。

因延长假期和推迟复工产生的加班费，请各单位人力资源部在薪酬核算时单独列出。在核算1月份工资时，请各单位在工资表中增加两列“延长假期加班天数”和“延长假期加班费”。对于一线正常上班人员，如1月31日加班未做调休的，直接计入“延长假期加班天数”，并计算“延长假期加班费”；对于一线倒班人员，在正常计算“休息日加班天数”后，统一拆分1天作为“延长假期加班天数”，并计算“延长假期加班费”。

2. 特殊情况的考勤处理

员工经确诊后在患病期间按病假发放工资。

疑似病人以及与确诊病人、疑似病人密切接触的员工，被隔离或医学观察期间按正常出勤发放工资（相关费用单独列出）。

目前尚在湖北的员工，在春节假期、延长假期以及延迟复工期间（延迟复工期以各地政府通知为准）的，正常发放工资；超出部分优先安排使用年休假；年休假不足部分，2月份暂定全额发放基本工资，不发绩效奖金（各地政府有明确规定的，从其规定）。请假员工须保留返回湖北的证明材料，如机票、火车票等。

逗留湖北或途经湖北的员工，自离开湖北之日起自行隔离观察14天。自行隔离期在春节假期、延长假期以及延迟复工期间（延迟复工期以各地政府通知为准）的，正常发放工资；超出部分优先安排使用年休假；年休假不足部分，暂定按病假处理（各地政府有明确规定的，从其规定）。请假员工须保留相关途经或在湖北逗留的证明材料，如机票、火车票等。

与新冠肺炎病人、疑似病人有密切接触的员工自我隔离的，在春节假期、延长假期以及延迟复工期间（延迟复工期以各地政府通知为准）的，正常发放工资；超出部分优先安排使用年休假；年休假不足部分，暂定全额发放基本工资，不发绩效奖金（各地政府有明确规定的，从其规定）。请假员工须保留社区和居委会出具的书面材料或其他能证明与新冠肺炎病人、疑似病人有密切接触的证明。

在春节假期、延长假期以及延迟复工期（延迟复工期以各地政府通知为准）结束，因其他各种原因未能如期返工的，根据员工实际情况可以申请年休假、病假、事假等。休假期满，员工无正当理由拒绝返岗的，可以要求员工主动辞职或按旷工处理。

3. 各单位应提醒员工按上述规则办理请假手续。由于疫情期间人员出勤情况较为复杂，请各单位务必做好员工考勤工作，避免由此产生的劳动纠纷。

四、保障和激励政策

1. 各单位应根据实际情况准备若干空宿舍，以备从湖北以外地区返工、在集体宿舍居住、在出现不适症状后员工自我隔离（标准为一人一间房）所需。各单位如需新租宿舍（租期应尽可能合适），请事先报集团公司主管领导审批后执行，同时报集团公司人力资源部备案。由此产生的费用，请单独列支。

2. 各单位如有特殊岗位特殊工作需给予员工额外补贴的，可根据实际情况拟定相关标准报集团公司主管领导审批后执行，同时报集团公司人力资源部备案。由此产生的费用，请单独列支。

3. 各单位如需其他人员保障或激励政策的，请及时与集团公司人力资源部或其他职能部门沟通，共同协商拟定相关政策。

五、员工缺编与招聘

1. 疫情期间由于返乡人员未能及时返工、外部招聘受限等将导致岗位大量缺编情况的出现。城市公司、事业部应督促项目做好人员在编、在岗情况统计工作，并要求项目积极与甲方沟通特殊时期岗位编制情况，在保证基本服务品质的前提下，通过减少人员编制，控制人工成本。

2. 自2月10日起，各项目于每周一下班前将“疫情期间项目人员在编在岗情况统计表”提交城市公司、事业部人力资源部，以便城市公司、事业部掌握各项目的缺编、缺岗情况；城市公司、事业部于每周二下班前将上述统计表报集团公司人力资源部备案。

3. 在疫情期间，请项目严格执行集团公司考勤制度，准确记录员工考勤（特别是外部供方员工），城市公司、事业部做好监督核查工作。

4. 对于项目岗位缺编情况，城市公司、事业部应优先考虑内部人员调配，特殊时期尽量减少外部招聘（包括外部供方）。确需外部招聘的，原则上必须采取线上招聘方式，同时务必要保证人员来历清楚，严控风险。

六、员工培训

在疫情期间，各单位应加强员工疫情防控知识培训。为减少人员聚集交叉感染风险，各单位应采取在岗帮带、线上培训等形式，不得进行集中培训。线上培训的有关要求另行通知。

七、其他说明

1. 集团公司将根据上级相关规定、要求，动态更新本指引。

2. 如有疑问，请联系集团公司人力资源部。

集团公司人力资源部

2020 年 2 月 7 日

二、学习目标

1. 理解文书在人力资源管理工作中的作用。
2. 掌握文书的基本类型，依据行文目的选择文种。
3. 理解人力资源管理文书的特点。

一、知识准备

（一）文书在人力资源管理工作中的作用

在人力资源管理各项工作中，需要大量运用各类专业文书进行管理、协调、沟通和处理事务。人力资源管理既涉及行政管理工作，又涉及业务管理工作，在实际操作中所运用的文书种类繁多，文书写作与管理的规范化是人力资源管理工作效率化、标准化、科学化的基本要求，正确的书面表达能力是人力资源管理人员应具备的重要能力之一。正确规范地进行人力资源管理各类文书写作，结合人力资源规划、工作分析、员工招聘、员工培训与开发、绩效管理、薪酬设计及劳动关系管理等几大职能模块进行专业文书设计与写作，可以提升管理、沟通能力，更好地适应当前和今后在学习、工作中的写作及管理需要。

（二）人力资源管理文书写作的能力目标

人力资源管理文书写作立足应用写作规律与方法，结合人力资源管理工作中文书的运用和实践，具有综合性、实用性、工具性特征。以应用文书的写作理论为基础，以人力资源管理的实务工作过程为主线进行科学合理的组织、策划和表达，强调人力资源管理中主要文体知识的学习与写作训练，突出实用性、实务性和写作能力的延伸性。在学习过程中，要求在掌握应用写作基本知识和基本技巧的基础上，能熟练掌握人力资源管理工作中各类公务文书、事务文书和业务文书的适用范围、内容和格式要求等，提高人力资源管理常用文书写作能力与管理能力，为人力资源管理各大模块的学习、运用奠定基础，以期进一步提高职业综合素质，增强适应职业变化的能力。

（三）人力资源管理文书概述

1. 应用文的概念

在日常的工作和生活中，为了处理各项事宜、完成工作、解决问题，或互相沟通情况、宣传教育，人们广泛使用了一些形式、格式比较固定的文体，这就是应用文，也被称为实用文书。

应用文的概念，目前尚无统一严格的定义，不同的学者和书籍往往有不同的归纳和概括，在学习中可抓住其基本的共性。应用文重在应用，这是其最显著的特点。应用文是机构运作、人际交往不可或缺的重要文体，对于处理各项事务、提升工作效率、加强沟通、促进发展有着重要作用。

一般认为，应用文是国家党政机关、企事业单位、社会团体或个人处理各种公务和日常事务时所使用的一种具有特定格式的书面文字材料的总称。应用文是应用写作的文字表现形态。

2. 应用文的分类

应用文的划分标准不同，种类也不同，通常可以从用途、行文关系、使用范围和性质等方面来进行分类。

（1）按不同的用途分类

1）公务类文书，是指党政机关、社会团体和企事业单位用来处理公务的文书。

2）私务类文书，是指为处理个人的事务而写作和使用的应用文，即通常所说的个人日常应用文书。

（2）按行文关系分类

行文关系是指发文单位和收文单位之间的关系，也就是由组织系统、领导关系和职权范围所确定的各单位之间的公文授受关系。从收文单位和发文单位之间的工作关系上看，既有相隶属的上下级之间领导与被领导的关系，也有不相隶属或平级的关系。因此，按收发文单位之间这种不同的工作关系来划分，可以将公文划分为上行文、下行文和平行文三大类。

1）上行文，是指下级单位向其所属的上级领导单位发送的公文，也就是自下而上的行文。上行文是下级单位向上级单位汇报工作、反映问题、请示事项、请求工作指导等方面的文件，常用文种有报告、请示等。

2）下行文，是指上级领导单位对所属下级单位的一种行文，即自上而下的行文。下行文常用的文种有命令、决定、通知、通报、纪要、批复等。

3）平行文，是指平级单位或不相隶属的单位之间的一种行文，其主要文种是函或知照性的通知。

（3）按使用范围和性质分类

1）公务文书。公务文书又可以分为行政公文和事务文书。

①行政公文，是指《党政机关公文处理工作条例》所规定的文种，主要包括决议、决定、命令（令）、公报、公告、通告、意见、通知、通报、报告、请示、批复、议案、函、纪要等。

②事务文书，是指党政机关、社会团体、企事业单位内部处理日常事务及工作时经常使用的业务文书，其作用主要在于反映情况、传递信息、交流经验等，主要包括计划、总结、调查报告、述职报告、竞聘报告、规章制度、会议记录、会议讲话稿、简报等。

2）行业专用文书。行业专用文书是指专业性较强的文书，主要分为四大类。

①财经文书。如市场调查报告、市场预测报告、经济活动分析报告、可行性研究报告、审计报告、经济合同、招标书、投标书等。

②司法文书。如起诉状、答辩状、上诉状、判决书等。

③科技文书。如科技报告、毕业设计报告、实验报告、产品说明书等。

④传播文书。如消息、通讯、特写、广告等。

3）日常应用文书。如求职信、启事等。

3. 人力资源管理文书写作

人力资源管理文书属于应用文中的一个大类，是各类机关、社会团体、企事业单位人力资源管理部门在进行人力资源行政管理和业务管理中使用的各类书面文字材料的总称。

人力资源管理文书写作要求较高，主要原因是人力资源管理工作复杂多样，涉及面广，既有行政管理，又有业务管理，其相应的文书工作同样是一个庞大的体系，几乎涵盖行政公文、事务文书、合同文本、管理文书、日常文书等主要文种。因此，人力资源管理人员更应对各类文书有全面深入的了解和认识，这样才能有利于工作的开展。

人力资源管理文书具有一般应用文所共有的特点，如内容的真实性、格式的稳定性和思维的逻辑性等，但其自身也有较强的个性特征，写作时应注意以下四个方面的要求。

（1）掌握业务工作，领会写作意图

人力资源管理文书是用于解决管理和业务工作中实际问题的，具有极强的现实意义，因此在写作中应该立足岗位，熟悉相关业务工作，了解工作情况，依据写作意图选择材料，确保写作时主旨明确、针对性强、用词准确，实现文书的社会现实意义。

（2）熟悉文种及行文要求

撰写文书时要正确选择文种，不同的文种有不同的适用范围，同时在长期使用过程中，各类文书也形成了自身特定的文体风格和写作要求。而人力资源管理工作的复杂性特点决定了人力资源管理文书的多样性，因此，在写作中更应该注意依据写作目的确定恰当的文书种类，因事择文，再依据文种自身的内容和格式要求，从文书各要素的编制、材料的选择及语言风格到外在格式的安排等各方面进行全方位的设计，这样才能写出一份规范、有效的文书。

（3）注重语言严谨准确

在写作中，文书的语言一定要与文体要求相符合，必须强调语言的客观、准确、简练和严谨。人力资源管理文书常与薪酬、绩效、福利、考核等专业工作关联，这些内容与员工的利益密切相关，在文字表述中应该特别注重严谨准确，做到精准表意、观点明确、言简意赅。

（4）体现人力资源管理文书的专业性

人力资源管理文书在运用中具有很强的专业特性，适用于人力资源管理各专业模块，其目的就是解决用人单位在管理中出现的各种实际问题，实现科学管理。由于人力资源管理涉及面广，在运用文书进行相关管理过程中，要注重将文书写作与专业工作属性相结合，按照专属业务要求进行，从外在格式到内在语言、主题、材料、结构都要与之相适应。

二、任务演练

（一）选择适当的文种有何意义

受新型冠状病毒肺炎疫情影响，各企业纷纷延迟开工或者采用移动办公、线上办公等方式来进行应对，某企业人力资源部根据上级安排对本企业各部门的开工时间和工作方式进行了布置，此种情况应该选用日常文书还是行政公文？为什么？

（二）文书写作会涉及哪些人力资源管理工作

在学习与工作中，人力资源管理工作会运用哪些文书？请归纳整理各属于哪一类。

三、任务评价指标与标准

评价内容	配分	评分标准	得分
人力资源管理文书的特点	40 分	准确、简洁，阐述充分	
归纳人力资源管理工作中常用的文书种类	60 分	结合人力资源管理各专业模块，将各项工作中使用频率较高的文书种类找出来并进行分类	
合计	100 分		

四、学习与运用

分析本项目导入主题案例中，在新型冠状病毒肺炎疫情影响下，人力资源部的主要工作会涉及并运用到哪些文书。

项目二

文书的基础知识

【项目说明】

本项目主要对文书的基本概念，尤其是文书写作的基本要素——主旨、材料、语言和结构，以及人力资源管理文书的专属表达进行介绍。

【项目导入】

一、主题案例

××集团人事架构大调整

××集团董事局主席兼首席执行官刘某发出内部邮件，宣布集团下属商城将组建大快消事业群、电子文娱事业群和时尚生活事业群，并分别任命王某、闫某、胡某为三大事业群总裁并升任××集团高级副总裁。

以下为刘某内部邮件的部分内容：

我们在2017年正式确立了无界零售的战略宏图，积极用开放、共生和共赢的姿态转型成为零售基础设施的提供商。这标志着我集团将由“一体化”走向“一体化的开放”，希望将我们沉淀了多年的供应链能力、物流能力、数据能力、营销能力、金融能力和技术能力以模块化、平台化、生态化的形式全面对外输出，向社会提供“零售即服务”的解决方案。这对集团来说是一个巨大的战略转型，2017年既是无界零售的元年、集团技术转型的元年，也是集团开放的元年。

为了服务于客户多变的需求和开放的生态体系，集团的组织需要变得更为灵活、敏捷，成为积木型的组织。我们的业务单元和各个模块需要像积木一样可以灵活拼接、叠加，满足内外部客户不同的偏好和需求。从2017年上半年开始，集团就积极地通过组织变革来适应新的能力要求，并率先完成了职能平台、营销平台和研发平台的架构调整。调整之后最直观的效果就是业务需求实现和效率都有了非常显著的提升。

今天，我们将继续延续积木型组织的建设思路，对商城前端的事业部体系进行组织升级。具体如下：

成立大快消事业群，由生鲜事业部、消费品事业部以及新通路事业部构成。王某任事业群总裁，现事业部总裁和业务负责人向王某汇报工作；

成立电子文娱事业群，由家电事业部、3C文旅事业部、全球售业务部构成。闫某任事业群总裁，现事业部总裁和业务负责人向闫某汇报工作；

成立时尚生活事业群，由居家生活事业部、时尚事业部、拍拍二手业务部构成。胡某任事业群总裁，现事业部总裁和业务负责人向胡某汇报工作。

以上三位事业群总裁同时晋升为集团高级副总裁。

二、学习目标

1. 理解文书的含义。
2. 掌握文书写作的基本要素——主旨、材料、语言和结构。
3. 理解人力资源管理文书的专属表达特点。

任务一　了解文书的基本概念

一、知识准备

（一）文书的含义

除文书外，还有公文、文件等，在工作和生活中，这三个概念有相同之处，也有不同之处。

文书，从广义上来讲，是各类机关、社会团体、企事业单位以及个人在社会活动中，为了某种需要，按照一定的体式和要求形成的书面文字材料。文书所包括的范围是很广泛的。在《汉书·刑法志》中有“文书盈于几阁，典者不能遍睹”的叙述，这里的“文书”指的就是公务文书。此外，还有用于民间的傅别、书契之类，常有“空口无凭，立此文书为据”的说法，亦称“文书”。因此，在古代，文书就有公用和民用两类。现代社会中“文书”的概念和古代基本相近。

公文，是指公务活动中形成和使用的文书，或者说处理公务所使用的文书称为公文。公文一词，出现于东汉末年和三国时期。《后汉书·刘陶传》说：“州郡忌讳，不欲闻之，但更相告语，莫肯公文。”在《三国志·赵俨传》中也有“辄白曹公，公文下郡，绵绢悉以还民”的记载。从此以后，公文就成为公务文书的统称了。

文件，是指机关、团体、企事业单位之间正式使用的具有统一格式和行文关系的公文。它是公文中的一部分，或者说是公文中的主要部分。“文件”一词，出现得较晚，在清代末年才开始正式使用。

以上所说，是强调“文书”“公文”“文件”这三个词有含义宽窄之差，就外延来看，文书>公文>文件。此外，“文书”“公文”和“文件”还有使用习惯之别。

（二）文书的分类

1. 通用类文书

（1）行政公文类，是指《党政机关公文处理工作条例》中所规定的文种，主要包括决议、决定、命令（令）、公报、公告、通告、意见、通知、通报、报告、请示、批复、议案、函、纪要等。

（2）通用事务类，主要包括调查报告、工作总结、述职报告、简报、计划、规章制度、会议材料等。

（3）个人事务类，主要包括日记、读书笔记、各类信函等。

2. 专用类文书

（1）科技类文书，如毕业设计报告、专利申请书、实验报告、产品说明书等。

（2）财经类文书，如市场预测报告、市场调查报告、经济活动分析报告、经济合同等。

（3）司法类文书，如诉状、辩护词、判决书等。

（4）传播类文书，如消息、通讯、特写、广告等。

此外，专用类文书还包括外交、军事等方面的文书。

（三）文书的特点

1. 直接的功用性

文书具有直接的功用性。例如，一个会议筹备方案，要将会议召开之前所能想到的方方面面的准备工作做好安排，使参会的工作人员都能在会议筹备方案中找到自己明确的工作任务和要求。

2. 内容的真实性

文书所依据的材料必须真实，内容实事求是。例如，写会议记录，不能张冠李戴，把张三的讲话写成李四讲话；写调查报告，必须实地调查，决不允许主观臆造。

真实性也反映在文书的语言表述上，要求语言准确、简练、平实。因此，比喻、借代、夸张等修辞手法的使用受到限制。

3. 写作的逻辑性

文书写作要求思维缜密，逻辑严谨，条理清楚，段落之间具有明显的逻辑关系，陈述的事项界限清晰，不交叉重复。

4. 格式的稳定性

格式一旦约定俗成，就称为惯用格式；格式如果被法定固化，就称为规范格式。一般的文书多有惯用格式，其中，国家机关公文具有规范格式。

文书的格式具有使用的稳定性，写作时应根据文书的具体类型，遵守各自的惯用格式或规范格式。

（四）文书的作用

文书因其使用领域的不同，各自有其不同的作用。例如，法律文书一般具有法律效力，行政公文一般具有行政效用；通知、通报一般具有一定范围内的周知功能；调查报告具有决策的参考价值等。

二、任务演练

（一）评估人事任免文书的作用

某企业的中层干部人事选拔制度见如下程序图：

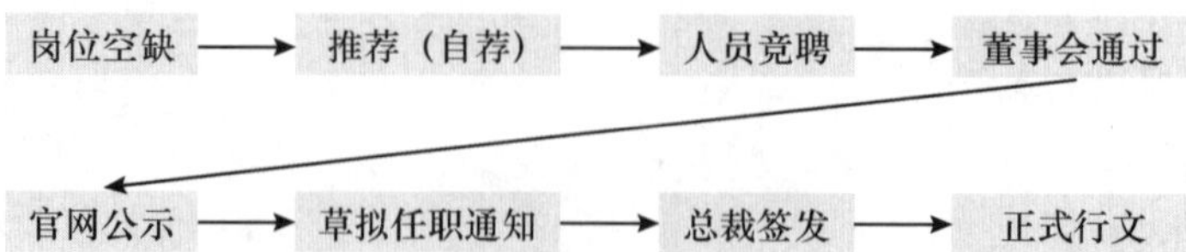

人事任免工作必须走完以上所有程序，被任命的员工才可以正式走马上任。请问，在人事任免这一工作中，任职通知在其中起到了什么作用？

（二）比较个性化写作与文书写作的不同之处

个性化写作：

关于3月份的考勤情况，我们监察室在5日这天进行了汇总，发现质监站的王云3月30日下午没有签到，监理公司有3个人没有到岗。还有，有些下属单位没有及时办理请假、出差、免签手续，而是报送汇总表前交由领导补的签字。另外，不在局里打卡的4个单位——自来水公司、施工管理站、招投标代理公司、检测站，还是要求他们5日之前要交考勤表。我们要对王云和监理公司的3个人进行处罚，怎么处罚，要根据局里之前下发的上班纪律管理制度来确定。

文书写作：

关于3月份考勤情况的通报

局属各单位、机关各股室、各乡村建设服务站：

根据《××县城乡建设局加强上班纪律管理的制度》和《××县城乡建设局机关效能制度》等相关规定，局监察室于2019年4月5日将3月份考勤情况进行了汇总，现将有关情况通报如下。

一、考勤情况

大部分干部职工能自觉遵守上下班纪律及签到制度，在岗情况较好。

二、存在问题

虽然整体情况较好，但也存在一些问题。主要表现为：

1. 有些工作人员休假、出差、下乡等未及时出示请假条、出差审核表、免签单等，而是在汇总前由单位领导签字后一次性交到局监察室。

2. 个别工作人员自律不严，纪律松懈，自由散漫，自觉性不够。如质监站1名工作人员3月30日下午无故未签到，监理公司3名工作人员上班时间不在岗，违反了上班纪律。

三、处理决定

根据《××县城乡建设局加强上班纪律管理的制度》第二条、第六条的规定，决定对质监站无故未签到的人员进行经济处罚，罚款100元（于4月21日前交至局计财室）。监理公司3名工作人员违反上班纪律问题已由其内部进行了处理，局里不另行处理。

四、工作要求

1. 全局干部职工要从质监站、监理公司工作人员违反上班纪律事件中吸取教训，引以为戒，进一步加强干部职工的教育管理，严格上班纪律，提高办事效率，有效促进各项工作的顺利开展。

2. 不在局里打卡的4个单位——自来水公司、施工管理站、招投标代理公司、检测站要进一步完善相关考勤制度，加强内部管理，每月5日之前把考勤汇总情况报局监察室。

3. 各下属单位要加强对外业务人员上班纪律的管理，避免“两头”都不在的现象。

4. 各单位、各股室负责人要敢抓敢管，敢于揭短亮丑，抓好上班纪律管理，严肃查处违反管理规定的现象。

××县城乡建设局

2019年4月17日

三、任务评价指标与标准

评价内容	配分	评分标准	得分
文书的行政效力	25分	阐述充分，语言准确、简洁	
理据	25分	准确找到情况通报中关于考勤的理据以及处罚的理据	
结构	25分	厘清情况通报的写作顺序及写作内容，提炼出写作框架	
语言	25分	具体对比分析个性化写作和文书写作的语言，尤其是文书语体中隐含的劝诫、警示的语体色彩	
合计	100分		

四、学习与运用

分析本月班级考勤的相关数据，从中发现个别现象和突出问题，并总结班级考勤总体情况和典型问题，在此基础上，起草本月班级考勤方面的情况通报。

任务二　掌握文书的基本要素

一、知识准备

（一）主旨

文书的主旨是指行文单位或作者的制文意图与目的，包括行文目的、具体要求、领导意图及说明等。

主旨从何而来？由谁确立？

一种情况是事件（问题）中心论。如《让法制贯穿全过程——湖南衡阳农贸市场实行“双责任制”的调查》，我们从该调查报告的题目就已经明了主旨——法制贯穿“双责任制”的全过程。这一主旨是在实行“双责任制”这一做法的实践中总结提炼出来的。

另一种情况是领导意图中心论。文书的行文，很多时候是为了贯彻或实现领导意图。例如，请示要求“一文一事”，那么，到底应该请示哪一个事项呢？

示例：

某单位为引进高层次人才向上级主管部门请示，到底是向上级部门要人才引进的政策，还是要人才引进的资金，还是要人才引进的名额？

点评：

资金、政策、名额，到底要什么？这往往是领导全盘考虑之后确定的，所以，该请示的写作，往往是领导意图决定了主旨。

主旨在文书的写作中或隐或显会有体现。如岗位聘用合同，其主旨是为了明确聘用双方的权利和义务，避免劳动纠纷。这一主旨会贯穿于合同的每一项条款中。又如，某企业的薪资改革方案，往往在方案的第一段就会点明主旨。

示例：

近年来，随着公司的持续发展和经营规模逐步扩大，为了规范公司的薪资管理，提高公司核心人才的待遇，建立一个有竞争力的，比较规范、稳定、公平、公正的，具有本公司特点的薪资体系，公司决定对现有薪资体系进行必要的调整，使公司的发展与核心人才的待遇提高保持同步，吸引和留住核心人才，有效激励全体员工，增强公司的凝聚力和竞争力，促进公司进一步发展。

点评：

可以看出，这是某公司薪资改革方案的正文内容，该段直接点明了写作主旨。

（二）材料

材料是指用来说明行文单位或作者意图、观点和行文目的的具体事实、基本情况、各种数据、理论资料，以及具体化的党和国家的方针、政策等。

材料从何而来？

材料可以来自对领导意图的领会和理解，从而搜集与该意图相关的事实、情况、数据、理据、政策等；材料也可以来自本单位、本部门往年的文书、数据、报表等；材料还可以来自本行业、本领域的大环境、大背景或前瞻性实践等；材料还可以来自以某问题、某事件为中心开展的观察、调查活动等；材料还可以来自作者（执笔人）的个人积累等。

材料在文书中的具体表现形式可以是文字，可以是数据，也可以是图表。

示例：

岗位分类	岗位工资级别
执行总裁	一级
项目经理、子公司总经理、行政总监、财务总监	二级
部长	三级
副部长	四级
部门经理	五级
部门副经理	六级
部门主管	七级
部门专员	八级
部门办事员	九级

点评：

这是一个图表材料，摘自一份薪资分配方案，这个表明确了不同岗位所对应的岗位工资级别。

（三）语言

文书因其交流业务、传递信息、宣传政策、探讨问题等实用需求，其语言具有以下特点：一是准确。准确是文书语言的基本特征。文书的写作要求行文中使用的语言要非常准确，一是一，二是二，如实叙事，恰当说理，使阅读者不会产生误解。二是简洁。要想做到语言简洁，首先要直截了当，不让文中有多余的话，无用的字；其次要处理好引用、转述的内容，尤其是多层转述内容有重复时要做好归纳整理；再次要用好富有概括力的成语或俗语，起到“文约事丰”的效果；最后要适当使用习惯用语和文言词语，这类词语往往表达通用含义，使用得当既可以使文书的语言简洁、凝练，又容易为阅读者所理解。三是平实。文书的语言切忌使用夸张手法、具象描写，一般也忌讳个人色彩和主观倾向的流露，语体色彩往往是正式、庄重和严肃的。

文书有专门用词，下面详细列举和介绍。

1. 称谓词

第一人称：“本”“我”，后面加上所代表的单位简称，如部、办、厅、局、厂、所等。

第二人称：“贵”“你”，后面加上所代表的单位简称，如部、办、厅、局、厂、所等。用“贵”字作第二人称，表示尊敬与礼貌，一般用于平行文或涉外公文。

第三人称：“该”，在文书中使用广泛，可用于指代人、单位或事物，如该厂、该部、该同志、该产品等。“该”字可使文字简明、语气庄重。

示例：

某人力资源专员需前往省人力资源和社会保障厅办理社会保险业务事宜，该企业开具的介绍信有如下表述：“兹有我公司李某前往你厅办理社会保险业务……”

点评：

“你厅”应改为“贵厅”。一般对上级或同级单位用“贵”，对下级单位用“你”。

2. 领叙词

领叙词是指用以引出文书撰写的根据、理由或具体内容的词。领叙词在文书中出现的频率较高，多用于文章开端，引出法律、法规以及政策依据或事实根据。也有的用于文章中间，起前后过渡衔接的作用。常用的有：

根据　按照　为了　接　前接　近接　遵照　敬悉　惊悉　收悉

示例：

收悉贵单位来函。

点评：

“收悉”一词一般不会放在句首。上文一般会写成：“贵单位来函已收悉。”

3. 追叙词

追叙词是指用以引出被追叙事实的词。文书中有时需要简要追叙一下有关事件的办理过程，为使追叙的内容出现得自然，常常要使用一些追叙的词语。常用的有：

业经　前经　均经　即经　复经　迭经

在使用时，要注意上述词语在表述次数和时态方面的差异，以便有选择地使用。

4. 承转词

承转词又称过渡用语，即承接上文转入下文时使用的关联、过渡词语，用于陈述理由、事实之后引出作者的意见、方案等。这种词语不仅有利于文辞简明，而且能够起到前后照应的作用。常用的有：

为此　据此　故此　鉴此　综上所述　总而言之　总之

5. 祈请词

祈请词又称期请词、请示词，用于向受文者表示请求与希望。使用祈请词的目的在于营造单位之间相互尊重、和谐协作的气氛，从而建立良好的工作联系。常用的有：

希　即希　敬希　请　望　敬请　烦请　恳请　希望　要求

6. 商洽词

商洽词又称询问词，用于征询对方意见，具有探询语气。这类词语一般用于公文的上行文、平行文中。在使用时要注意确有实际的针对性，即确需征询对方意见时才使用。常用的有：

是否可行　妥否　当否　是否妥当　是否可以　是否同意

7. 受事词

受事词是指向对方表示感激、感谢时使用的词语。受事词属于客套语，一般用于平行文或涉外的公文。常用的有：

蒙　承蒙

8. 命令词

命令词是指表示命令或告诫语气的词语，用来增强公文的严肃性与权威性，引起受文者的高度注意。

表示命令语气的词语常用的有：

着　着令　特命　责成　令其　着即

表示告诫语气的词语常用的有：

切切　毋违　切实执行　不得有误　严格办理

9. 目的词

目的词是指直接交代行文目的的词语。人们在撰写文书时，都有明确而具体的目的，对此，需有针对性地使用简洁的词语加以表述，以便受文者正确理解并加速办理。

用于上行文、平行文的目的词，还需加上期请词，常用的有：

请批复　函复　批示　告知　批转　转发

用于下行文的目的词常用的有：

查照办理　遵照办理　参照执行

用于知照性公文的目的词常用的有：

周知　知照　备案　审阅

10. 表态词

表态词又称回复用语，是指针对对方的请示、问函，表示明确意见时使用的词语。常用的有：

应　应当　同意　不同意　准予备案　特此批准　请即试行　按照执行
可行　不可行　迅即办理

11. 结尾词

结尾词置于正文最后，是指表示正文结束的词语。使用这些词语，有助于文书的表达简练、严谨并富有节奏感，从而赋予文书庄重、严肃的色彩。常用的有：

此布　特此报告　通知　批复　函复　函告　特予公布　此致　谨此
此令　此复　特此

再次明确行文目的与要求的结尾词常用的有：

为要　为盼　是荷　为荷

表示敬意、谢意的结尾词常用的有：

敬礼　致以谢意　谨致谢忱

文书的语言，还有一种现象特别有趣，那就是模糊词语在文书写作中的运用。

模糊词语是指自然语言中表意不太清楚的词语。例如：

“我公司××总监将在方便的时候回访贵公司。”

“方便的时候”是什么时候？这是个模糊的、不明确的时间概念。在当前语言环境下，“方便的时候”即为下次××总监回访的时间，当前无法具体指明。

文书需要模糊词语，是因为模糊词语具有相对明确性的作用和特殊的表达意义。在特定的语言环境中，模糊词语不仅不是模糊的，反而是明确的。模糊词语是文书写作中不可缺少的语言形式，它具有弹性，在表意上既具有模糊性，又具有特殊表现力。

常用的模糊词语大致有六类。

表示时间的：现在、正在、将来、同时、曾经、有时、最近、一直、适当时候等。

表示范围的：有关、各部门、上下、左右、国内外等。

表示数量的：许多、多数、广大、一些、某些、个别等。

表示程度的：很、一般、更加、进一步、基本上、显著等。

表示条件的：在可能的情况下、在……基础上、符合一定条件等。

表示频率的：经常、有时、不断、反复、再三、多次等。

但是，模糊词语在文书中不能滥用，否则，就会适得其反，造成概念不清或产生歧义。

（四）结构

文书的结构是指其内容的组织架构，是行文单位或作者为了表达行文目的，按照主题的需要，把有关材料和内容有条不紊、条理清晰、层次分明地组织在一起。对于一则文书来说，主旨解决的是“言之有理”的问题，材料解决的是“言之有物”的问题，而结构解决的是“言之有序”的问题。

1. 文书结构的原则

（1）要反映具体事物的发展过程和内在联系

具体事物的发展过程和内在联系，是确定文书结构的客观依据。文书是用来处理具体事物的文字材料，其结构必须准确反映具体事物的发展过程和内在联系，不能与之相悖。文书的结构基本都是按照提出问题——→分析问题——→解决问题的逻辑顺序来安排的。

（2）要为表现主旨服务

在动笔起草文书时，材料的组织安排、段落层次的划分、过渡与照应、详写与略写等，都必须围绕主旨这一主线去考虑。结构安排是为主旨服务的，其目的是为了更好地表现主旨。如果离开了主旨，材料就成了一盘散沙，其结构也必然枝节横生，散漫无章。

（3）要符合不同文种的要求

文书是具有规范体式的文字材料。具体到每一文种时，由于各文种包含的内容不同，其结构安排的方式也是不同的，这就要求我们在安排文书结构时，一定要从不同文种的实际情况出发，采用适当的结构形式，做到内容与形式的统一。

（4）要完整、严谨

结构的完整，是指思路清晰、连贯，布局合理、自然，构成文书的各个局部不能残缺不全，要组合成一个统一的整体。结构的严谨，是指层次、段落的划分精当，各个部分之间的逻辑关系严谨，无懈可击。

2. 结构的内在要素

（1）层次

层次是文书思想内容表达的次序。为了更好地表现文书的主旨，写作者动笔之前要考虑先写什么、后写什么、分几部分写等。

1）纵向式结构层次，是指以纵向展开的形式反映文书的思想内容，各个层次之间的关系是递进关系和时序关系。纵向式结构又可以分为以下三种形式：

①以时间为序的纵向式结构，即按照事物发生的先后时间顺序安排结构。

②以事件发展过程为序的纵向式结构，即按照事物本身发生发展的顺序安排结构。

③以事理层次为序的纵向式结构，即按照事物的内在联系分层次地安排结构，层次之间表现为递进的纵深关系。

2）横向式结构层次，是指以横向展开的形式反映文书的思想内容，各个层次之间是一种并列关系。横向式结构又可分为以下两种形式：

①按论点安排的横向式结构，即把相同类别的论点归纳起来，或一个论点一个层次，或在一个论点里划分为若干层次，每个论点之间保持各自相对的独立性。

②按部分安排的横向式结构，即把一个完整文书的主旨划分为几个部分来表达，每一个部分反映主旨的一个侧面，几个部分共同反映全部主旨。

3）纵横式结构层次，是指把纵向式和横向式结构层次结合在一起安排，这种结构层次适用于具有并列关系和因果关系的文书。

（2）段落

段落是构成篇章的基本单位，它具有“换行”的明显标志，是文书内容在表达时由于间歇、转折、强调等情况所形成的文字上的停顿，人们习惯上称之为“自然段”。

段落划分十分重要，它能使文章的脉络清晰，层次清楚，易于理解。划分段落时要遵循以下原则：

1）要注意段落的单一性和完整性。单一性是指一个段落要重点说明一个意思，不能把互无联系的意思放在同一个段落中。完整性是指在一个段落中，其内容是完整的。

2）要根据文章的内容确定段落的表现形式，既不要划分得太零碎，也不要把段落划分得过于宽泛。注意做到长短适中，格调一致。

3）尽量在段首明确表达段意。在段落之首设一个概括全段意思的句子，段意醒目，给人以鲜明、突出的印象。

（3）过渡

1）由开头转入主体。这种过渡在公文和专业文书中尤为明显。如通知的开头部分，常用“现将有关事项通知如下”过渡到正文部分。

2）由总到分。这种过渡主要用在一些综合性文书中。如工作报告，开头总述工作情况，在具体汇报工作内容时，常用“现将××情况报告如下”做过渡，引入分述的内容。

3）由正面转入反面（由成绩转入问题，由经验转入教训等）。这种过渡主要采用“但”字转折来实现。往往是前半句肯定正面，然后通过“但”字做转折，转入另一个层次，进入反面内容。

（4）照应

1）开头与标题照应，是指文书的开头与标题紧扣，突出标题的基本意义。

2）结尾与标题照应，是指在文书结尾时，照应标题，突出标题的基本意义。

3）开头与结尾照应，是指在文书开头表述的基本情况，结尾有与之相对应的有关内容，用以概括全文、突出主题，加深阅读者的印象。

4）主体内容之间照应，是指根据主题表现的需要，在行文过程中主体内容之间相互衔接，前后呼应。

（5）开头

1）情况概述式，是指在文书的开头，用非常简明的语言，概括地写出文书内容的基本轮廓，给阅读者先留下一个整体的印象，其具体内容在主体部分展开。

2）起句立意式，是指把文书的主旨、要点及需要解决的核心问题放在开头，以引起阅读者的注意。

3）目的依据式，是指用简明的语言，起笔交代行文的目的、依据、指导思想，使阅读者对全文有一个清楚的了解。这种开头方式在公文和方案等文书的写作中非常普遍。

4）交代缘由式，是指起笔交代行文的直接原因，讲明为什么制发该文。

5）阐明观点式，是指把文书的主旨及结论性的意见放在开头，然后再讲具体的内容、事项和问题。

6）问题解答式，是指用一问一答的方式开头，或在开头处提出问题，在主体部分阐述答案。这种开头方式容易吸引阅读者的注意力。

（6）结尾

1）总结全文式，是指对全文的主要内容进行概括和升华，留给阅读者一个完整的印象。

2）强调说明式，是指对全文主题的意义再次强调说明，以引起重视，利于贯彻执行。

3）鼓舞号召式，是指用一些鼓舞人心的词语，表示信心，坚定决心，发出号召，给人以鼓舞和鞭策。

4）问题结论式，是指对开头提出的问题，经过主体部分的一系列论述说明后，在结尾处给出明确的结论和答案。

5）辩论分析式，是指对文中所论事物进行全面、客观的分析，在肯定成绩、经验的同时，也找出差距和问题。

6）固定式，是指用固定词语结尾，如“特此通知”“特此函达”“妥否，请批示”等。

3. 结构的外在格式

（1）标题

标题应该简明、准确和规范，一般要明确说明单位名称、事由和文种。单位名称一般使用全称。事由是对文中主要内容和事项的精练概括，一般是用“关于”一词提起的短语。例如，涉及人事任免的通知，其标题中的事由会表述为“关于人事任免”“关于任命××担任××”等短语。文种的使用要准确，写计划，文种则为“计划”；发通知，文种则为“通知”；写方案，文种则为“方案”。

（2）主送单位（部门）

主送单位（部门）是指文书的主要受理单位（部门），一般不指向个体。主送单位（部门）要使用全称或规范化的简称。如果主送单位（部门）是下级的多个部门，往往用“各”字统领。例如，主送下一级的处室，可以表述为“各处室”。

（3）正文

正文部分是文书的主体，一般包括开头、主体和结尾。其中，主体部分的写作要考虑层次和段落的安排，考虑过渡和衔接。正文往往要遵循结构逻辑和事理逻辑的顺序来进行构建。

（4）落款和日期

落款应使用单位全称。如果是联合行文，应将主办单位名称排在前面。日期用阿拉伯数字将年、月、日标全，年份应标全称，月、日不编虚位（即1不编为01）。如果是需要用印的文书，应在此处加盖印章。如果要加盖签发人签名章的文书，则需加盖签名章。

二、任务演练

（一）“主题先行”在文书写作中的重要性

阅读以下材料，谈谈你对文书写作中“主题先行”的理解。

一般来讲，文书写作奉行“主题先行”的原则，意思是先确立了主旨，再根据主旨来组织材料和语言。我们经常听闻要按照领导意图行文，只有把握好领导意图，才能写出符合要求的文书。领导意图是领导对于工作的倾向性意见，领导意图实则暗合了行文的主旨。领导意图会影响文书的主题立意、材料运用、谋篇布局乃至语言表达，是文书成败的关键。因此，在文书写作中，应首先在了解和把握领导意图上下功夫，以提高文书起草的成功率。

（二）如何收集材料

作为一个人力资源管理者，不可避免地要接触到人力资源方面的文书写作。因此，平时要养成收集写作材料的习惯。那么，哪些方面的材料是需要平时留心收集的呢？

（三）如何选择材料

某单位的月考勤报表出来了，如何从原始报表中找到可供写作的材料？

（四）程式化写作的语言范式

分析以下文字片段（摘自某公司《关于规范公司人力资源信息管理的通知》）的语言，找出其中具有程式化特点的句子。

为了统一规范公司人力资源信息管理和准确及时地核算社保、公积金、雇主责任险、工资等人力资源管理费用，现对各分公司、项目部提出如下要求：

一、分公司、项目部指定一名人员负责本分公司、项目部人力资源相关工作的沟通、执行、监管、信息收集提交等，确定人员后，将《分公司、项目部人力资源工作任命书》填写完整，经分公司、项目部负责人签名确认后回传至公司人力资源部备案。

二、分公司、项目部负责人力资源工作的人员将以下信息提交至公司人力资源部。

1. 入职资料。新员工入职3天内提交“员工入职信息表”“入职审批表”和劳动合同扫描件、身份证正反面彩色扫描件、毕业证书扫描件、各类职称证书扫描件、入职体检表或健康证扫描件。劳动合同交给员工本人后需在“劳动合同签收表”上登记。

2. （略）。

（五）程式化写作的结构范式

在网上找几份劳动合同仔细研读，找出这些合同在体例上的共同特点，尤其是写作内容和写作顺序上的相通之处。

三、任务评价指标与标准

评价内容	配分	评分标准	得分
领导意图与行文主旨	10分	准确、简洁，阐述充分	
与工作内容相关	10分	准确把握工作内容所涉及的范围	
与工作单位相关	10分	工作单位的宏观情况、历史沿革、远景规划等	
与行业专业相关	10分	行业专业的前沿动态、宏观状况、微观信息等	
与政策法规相关	10分	政策法规的最新动态、最准解读等	
整体情况与典型事实	10分	提炼月考勤的整体情况，可以用数据来呈现；提炼报表中的个别现象和典型问题	
程式化句式	20分	提炼程式化句式的核心词，如“为了……现……提出……”	
合同范本的体例	20分	提炼共有的合同条款，提炼一般的写作顺序	
合计	100分		

四、学习与运用

从多个维度分析本班级学生的构成及整体情况，起草一份班级情况分析报告上交给学院。

任务三　掌握人力资源管理文书的专属表达

一、知识准备

（一）人力资源管理文书写作的特点及基本要求

1. 人力资源管理文书写作的特点

（1）规约性

人力资源管理文书中的劳动合同、员工手册，以及有关规章制度等，都有很强的规约性。这种规约不是凭空而来的，它既来自人力资源管理的常规做法，也来自企业文化和传统沿革。这种规约是基于管理的需要，遵循一定的管理理念建立起来的。因此，进行人力资源管理文书的写作，就必须了解和运用各种具体的规约语境。

（2）专业性

人力资源管理文书中不乏某些专业性较强的文种。例如，劳动合同的制定就是基于基本的法律规定，所有的合同条文都不能违背现行的法律法规。因此，起草劳动合同文本，不仅要懂管理、懂企业，还要懂法律，体现出较强的专业性。

（3）程式化

人力资源管理文书的写作，与一般文书的写法一样，无论是结构还是语言，都有特定的写作模式和表达范式，具有很强的程式化特点。因此，在写作中，要遵循程式化的写作要求，运用特定的惯用语和惯用句式，符合不同文种的程式化要求。

2. 人力资源管理文书写作的基本要求

（1）符合法律法规

人力资源管理文书要符合现行法律法规和相关政策。否则，文书不但不能起到应有的作用，反而会给人力资源管理带来阻碍，甚至违法的严重后果。因此，进行相关人力资源管理文书写作时，必须学法懂法。

（2）符合单位实际

人力资源管理文书的写作还必须符合单位实际，不能照抄照搬其他单位现成的文书。例如，劳动合同看起来似乎大同小异，但是在具体起草时，必须结合单位实际，符合单位的管理理念，沿袭单位的常规办法，遵循固有的操作程序等。

（3）遵循写作范式

不同种类的人力资源管理文书都有各自的写作范式，每一文种的写作都要遵循其特有的写作范式和惯有表达。

（二）人力资源管理文书的表达方式

1. 概述与说明式表达

人力资源管理文书的写作，不可避免地要用到概述与说明式的表达方式，这是最基本、最常规的表达方式。

2. 统计与分析式表达

人力资源管理文书中，有不少文种会涉及统计数据的呈现和分析，涉及对现象、问题、原理等的专门分析等。统计与分析式表达也是人力资源管理文书写作中必用的表达方式。统计图表的运用、对统计图表的解释与说明等，在人力资源管理文书中十分常见。

3. 条款与条约式表达

人力资源管理文书中的劳动合同、员工手册等，往往采用条款和条约式表达方式。这种表达方式，行文简约，条分缕析，易读易懂。

（三）人力资源管理文书的常用语域

1. 法律类

人力资源管理文书中有部分与法律密切相关的文书，如合同、协议等，这一类文书经常使用法律类相关词语。使用法律类词语时，一定要弄清楚其内涵和外延，防止错用误用。

2. 管理类

人力资源管理文书是单位人力资源管理的依据和标准，必然涉及诸多管理类词语的运用。这些词语的运用，既要专业，又不能故作高深。

3. 经济类

人力资源管理文书中有部分与薪资分配、绩效管理有关的内容，这一类文书往往会涉及一些经济类词语的运用。在运用经济类词语时，要考虑这些词语的普及程度和难易程度。

4. 公文类

人力资源管理文书会用到大多数的行政公文种类，行政公文的写作范式和惯用表达比较固化，要理解这些惯用语的具体内涵，使用得当。

示例：

某公司需要与某劳务派遣公司会谈，商议由对方为其输送劳务派遣工等合作事宜。为此，该公司写了一则请示，送给了劳务派遣公司。

点评：

该公文的文种用错了。因为该公司与这家劳务派遣公司没有隶属关系，所以文种应该用“函”，以告知对方会谈拟商议的事项。

（四）人力资源管理文书特殊事务与概念的表达

人力资源管理文书中，往往涉及特殊事务与概念的表达。这些特殊事务、概念与人力资源管理的主要工作内容有密切关系，主要包括工作分析与人力资源规划、招聘录用与人员配置、培训开发与职业生涯、薪酬体系与绩效管理、劳动合同与劳动争议、规章制度与员工手册等。涉及特殊事务与概念时，一定要确保用词用语准确，概念明确，表义清晰。

二、任务演练

（一）分析薪酬改革方案（节选）中经济事务与经济概念的表达

绩效考核工资是指根据员工超额完成任务或业绩的优良程度而计付的薪资，用于鼓励员工提高工作效率和工作质量，既与群体（班组、部门）绩效挂钩，又与员工个人绩效挂钩。

绩效考核工资根据《绩效考核管理办法》的考核结果，结合岗位薪点数计算得出。公式表述为：

$$J=\beta Xk$$

其中，J 为月绩效考核工资；β 为绩效价值系数，根据企业效益情况而定；X 为本人岗位薪点数；k 为考核得分，根据《绩效考核管理办法》考核得出。

（二）分析岗位聘任合同（节选）中法律类词语的含义

甲乙双方本着自愿、公平、公开、诚实的原则，签订《岗位聘任合同书》，甲方有不聘任和解除聘任的权利，乙方有接受聘任和拒聘的权利。

……

经××集团聘任考核委员会研究，同意聘任××为××（岗位名称），聘期从××年××月××日至××年××月××日。聘任期间甲方对乙方按此合同书进行考核，乙方享有的相应权利按《××集团岗位聘任及岗位津贴制度实施办法》执行。

三、任务评价指标与标准

评价内容	配分	评分标准	得分
经济事务	35 分	准确阐述涉及经济事务方面的内容	
经济概念	35 分	准确找出涉及经济概念的词语	
法律类词语	30 分	准确找出法律术语和表明法律效力的词语	
合计	100 分		

四、学习与运用

阅读一份完整的企业薪酬改革方案，读懂文中的员工薪资构成及其核算办法。

项目三

人力资源管理常用行政公文类文书（下行文）

【项目说明】

本项目主要对人力资源管理工作中常用的行政下行公文——决定、通知、通报、纪要的概念、适用范围、特点、基本要素和格式等进行介绍；结合实例，学习和掌握行政下行公文的写作要求和行文规则。

【项目导入】

一、主题案例

××公司人力资源部需拟定三份行政管理文书

1. 随着企业发展及市场变化，××公司现行的薪酬体系已经不适应企业发展的需要，公司人力资源部依据管理层要求对薪酬体系作出调整，制定了新的薪酬方案，经批准后开始实施，人力资源部应该如何安排新的薪酬制度实施？

2. ××公司人力资源部按照公司有关考核办法对下属各部门实施绩效考核，如何将考核结果告知各有关部门？

3. ××公司人力资源部依据企业发展，拟对公司各业务部门相关人员进行有关培训，应该如何将各项培训计划告知各部门执行？

二、学习目标

1. 了解行政下行公文种类。

2. 正确区分各文种的适用范围，选择正确文种。

3. 掌握人力资源管理工作中常用行政下行公文的写法。

4. 能够撰写人力资源管理常用行政下行公文。

任务一　拟定决定

一、知识准备

（一）决定的概念及适用范围

在日常行政管理工作中，各单位大量使用决定这类文书，它是对本单位重大事项或重大行政公务作出安排而制定的一种指挥性公文，属于下行文种。

决定适用于对重要事项或者重大行动作出决策和安排，奖惩有关单位或人员，变更或者撤销下级单位不适当的决定事项等，是各单位对于事关全局的重大事项的决策、部署和安排。

应该注意的是，在实际工作中，通常人力资源管理部门因为权限原因，没有权利使用决定这类文种，但因为职能关系，往往会根据上级要求，受命拟定相关文书。

（二）决定的行文要求

决定从行文方向上来看，属于下行文，在行文时除符合下行文的基本要求外，同时还应该根据自身特点注意以下三个方面的事项。

1. 重大性

从内容上看，决定涉及的事项、行动必须是事关全局的“重要”的或者“重大”的，都是相对于本单位而言具有重大意义和深远影响的安排和部署，因此在文种选择上，不属于此类的事项，或者重要程度相对较弱的，不应当采用决定这类文种。

2. 指挥性

决定是对重要事项或重大行动作出安排，对下级单位、部门具有极强的指挥性和指导性，在行文中应该集中体现发文单位的指挥、处置意图，要求下级单位、部门遵照执行，因此在内容编排上要求依据行文主旨选择恰当的结构安排，准确地将发文意图、目的、要求表述清楚。

3. 权威性

决定的制约性和强制性较一般公文都要强，有很高的权威性。有些决定还有法规作用。在某些方面，决定往往是法规的延伸和补充，具有较强的强制性和行政约束力。在行文风格上，决定要求庄重严肃，语言果决，以彰显发文单位的权威性。

（三）决定的种类

在使用中，按照作用和目的来划分，决定一般分为法规性决定、指挥性决定和知照性决定三大类。

1. 法规性决定

法规性决定是以行为规范为主要内容的决定，不但具有决定的一般特点，而且具有法规的某些特点，是决定中更具有行为规范性和行政约束力的下行文件，此类决定一般由国家立法机关或各级行政机关作出，内容涉及法律、法规、规章、制度，一般由重要会议通过并发布，具有很强的权威性和行政约束力。

2. 指挥性决定

指挥性决定是对某些重要事项或重大行动作出决策部署，确定大政方针，并提出措施，要求下级贯彻执行。这类决定一般篇幅较长，说理成分较多。如《××公司关于进一步推进绩效管理制度改革的决定》，应对公司绩效管理的总体思路、目标和设计原则、绩效管理基本框架体系和具体实施计划进行阐述，要求下级部门执行。

3. 知照性决定

知照性决定是就有关具体事项作出决定，知照下级单位及有关各方，起到通知、关照和依据的作用，如批准或修订法规、召开重要会议、安排或处理人事问题、设置或撤销组织机构、表彰或处分有关单位和人员等。这类决定的突出特点是把决定事项简要地告诉有关单位和人员，要求下属单位和有关人员知晓，不要求下属单位及有关人员承办和贯彻执行。有些决定在末尾有号召性语言，但没有执行的具体意见和要求，也属知照性决定。常用的知照性决定包括表彰决定、处分决定、机构设置的决定、人事任免决定和具体事项的决定等。

（四）决定的基本要素与格式

决定的种类较多，在写作要素、格式编排上有一定的差异性。一般而言，包括以下几个基本要素。

1. 标题

标题是公文的“眉目”，是公文的重要组成部分。它的作用主要是揭示公文的来源、中心内容以及发文的性质和要求，是对公文主要内容准确、简要的概括和提示。一个完整的标题由发文单位名称、事由和文种三个要素组成。

决定在使用中，一般可采用完全式公文标题和省略式公文标题两种方式。

（1）完全式公文标题是指发文单位名称、事由和文种三要素齐全，如《××公司关于进一步推进绩效管理制度改革的决定》。采用这种标题方式，一般是决定涉及的内容重大，影响深远，将发文单位名称写出以增加其权威性和重要性。

（2）省略式公文标题一般将发文单位省略，由事由加文种的方式组成，如《关于××等同志人事任免的决定》，此类标题多用于知照性决定。

标题拟定过程中，事由的概括一定要做到准确、简明，以免影响标题的作用。

2. 主送单位

主送单位是指公文的主要受理单位，是发文单位要求对公文予以办理或答复的对方单位。主送单位又称行文对象，应当使用单位全称、规范化简称或者同类型单位统称。

法规性、指挥性决定作为一种下行公文，涉及重大事项、重大行动，其所属的下级单位都负有贯彻执行的责任，在使用中其主送单位可以有多个。

知照性决定主要是起到通知、关照和依据的作用，因此在使用中经常可以省略主送单位。

3. 正文

正文是公文的主题和核心部分，用于表述公文的主要内容。决定的正文一般由决定缘由、决定事项和结尾语三部分构成。

（1）决定缘由，主要概括决定的原因、目的、根据与意义。如表彰（处分）决定对表彰（处分）对象的先进事迹（错误行为）的概括，就是决定的缘由。此部分在写法上要求开门见山，直接陈述，语言简洁、概括。在决定缘由之后，通常要用“特作如下决定”“经研究决定”等承启用语，连接下文，其后多用冒号。

（2）决定事项，主要阐明决定事项的具体内容、落实的措施、解决的办法、规定的要求等。法规性、指挥性决定中这一部分是主体，根据内容不同，主体结构一般有以下三种形式。

1）单一结构式，即全篇不分段，一气呵成。这种形式适应于内容简短、文字很少的决定。

2）分条列项式，即把决定中涉及的若干问题，按主次列成若干条项，并用数码标出。这种形式适用于内容丰富、篇幅较长的决定，这种叙述比较方便，清楚醒目。

3）小标题式，即把决定中每条中心内容归纳成小标题，分列于每部分之前。这种形式，不仅在条理上更加清晰，而且在内容上更加突出、明显。

（3）结尾语，在文尾提出希望、号召和实施要求，如“本决定自公布之日起执行”等。有的决定没有第三部分，决定事项写完便自然结束全文。采取何种方式结尾，应根据发文目的确定。需要注意的是语言应符合发文单位的权威性要求，简洁、庄重。

4. 发文单位署名和成文日期

发文单位署名应署发文单位全称或者规范化简称。成文日期应署会议通过或者发文单位负责人签发的日期，联合行文时署最后签发单位负责人签发的日期。

示例：

关于表彰设计部××同志的决定

公司全体员工：

设计部××同志在第××届国际平面设计大赛中获得二等奖，为我公司赢得了荣誉。为表彰××同志的突出成绩，公司领导作出如下决定：

授予××同志“优秀员工”称号，并颁发奖状和奖金 100 000 元。

希望公司全体员工向××同志学习，刻苦钻研业务，提高自身能力，取得更大的成绩。

××公司（盖章）

××××年×月×日

点评：

这是一则表彰性决定，对工作中有突出表现的人物进行表彰。因不属于事关全局的重大事项或行动，适合采用省略式标题。正文部分第一句简明扼要地概括了决定缘由；中间部分属于决定事项，将决定内容具体写出；最后一句话属于结尾部分，发出号召。整篇文书开门见山，内容明确。但是，在决定文书各要素编制要求上，“主送单位”要求不得主送个人，而本文则标注“公司全体员工”，这是不当的，本文按照内容来看属于知照性决定，可以将“主送单位”部分省略。

二、任务演练

（一）准确规范地进行标题的拟定

某集团公司为进一步提升公司薪资竞争力，充分发挥薪资的保障和激励作用，促进人才结构配置优化，完善集团公司的人才成长竞争机制，在考虑各部门各岗位的工作性质、特点等差异化前提下，决定对集团公司薪资结构体系进行重大调整。该份决定的标题怎么拟定？事由如何概括？适合哪种标题模式？

（二）对决定事项的判定标准

如何依据工作的事项内容来判定是否使用决定这种文书？

（三）决定的格式要求

依据情境要求，草拟一份表彰决定，并在载体上将各要素名称进行标识。

三、任务评价指标与标准

评价内容		配分	评分标准	得分
职业素养		10 分	诚实严谨，遵守纪律，独立完成任务；方法得当，思路清晰；能在规定时间完成任务，体现职业素养	
工作任务	语言表达	15 分	简洁，不烦冗，不说套话、空话；符合相关文种的风格要求，能正确表达意图，无歧义、病句、错句	
	文种选择	10 分	能依据工作要求正确选择相应文种，依据该文种要求拟定写作计划	
	文书各要素的编制	30 分	文书各要素齐全，基本架构符合文种要求；各要素编制版面分布规范、合理	
	内容及结构安排	35 分	选择有效的数据材料，突出中心；结构合理，条理清晰，逻辑严密	
合计		100 分		

四、学习与运用

1. 问答题

简述决定的适用范围和种类。

2. 选择题

对重大行动作出安排的决定的写作要求是（　　）。

A. 讲清形势以说明其必要性、紧迫性

B. 阐明原则、措施以增强执行的准确性和规范性

C. 分条列款以增强可操作性

D. 分清层次、明确词义，便于理解和执行

3. 评析以下人事任免决定，找出不当之处。

关于×××同志人事任免的决定

为适应新形势下公司经营发展需要，决定对以下同志进行新的人事任命，现予以公布：

一、任命×××同志为×××公司总经理，主持×××日常工作。

二、任命××同志为×××公司总经理助理，协助该公司总经理进行日常事务管理。

以上人员任期均为三年，本任命决定自发布之日起即开始执行。

×××有限公司（盖章）

××××年×月×日

任务二　撰写通知

一、知识准备

（一）通知的概念及适用范围

通知是各项管理工作中广泛使用的一种文书，属于告知性下行公文，在各类机关、社会团体、企事业单位管理工作中使用频率极高，是要求有关单位了解、执行、办理

或者协作的指挥性、知照性公文。

通知适用于批转下级单位的公文，转发上级或不相隶属单位的公文，传达要求下级单位办理和有关单位需要周知或共同执行的事项，任免和聘用人员等。

（二）通知的特点

1. 指导性

通知经常用于发布有指导意义的工作安排部署，如发布规章、传达指示、布置工作、转发文件等，要求收文单位对通知的内容进行贯彻执行，对下级单位的工作有较强的指导意义。

2. 广泛性

在所有公文中，通知的应用最为广泛。通知的发文单位不受级别的限制，国家级党政机关、基层的企事业单位、居民社区、社会团体等，都可以发布通知。

3. 多样性

通知是功能最为丰富的文体。一般情况下，对下级单位进行工作安排部署不适用决定、命令（令）文种行文时，可以用通知来取代，用来传达指示、发布规章、布置工作、指导技术、批转文件、任免干部等。

值得一提的是，通知使用范围广泛，既可作为行政公文使用，又可作为事务文书使用，应注意区分，正确使用。

（三）通知的种类

根据适用范围的不同，通知在使用过程中一般分为五大类。

1. 发布性通知

发布性通知适用于发布各项规章制度。

2. 批转转发性通知

批转、转发、印发公文的通知，统称为批转转发性通知。批转转发性通知是复合体公文，由通知本身和被批转、转发、印发的公文共同组成。

（1）批转通知。批转通知是批转下级单位公文的通知。批转通知的特点在于上级单位采用了下级单位的公文，以“批（语）转（发）”形式通知下级单位，让其周知或执行，其重点在于“批”。

（2）转发通知。转发通知是转发上级单位或不相隶属单位的公文以“转发语”形式通知下级单位，让其周知或执行，其重点在于“转”。

（3）印发通知。印发通知是印发本单位或本单位与其他单位联合制定的公文的通知。这就是说，本单位或者本单位与其他单位联合制定了公文后，为了引起下级单位重视，或要求下级单位贯彻执行，印发单位就以“按语”形式通知下级单位，其重点在于“公布”。

3. 指示性通知

指示性通知适用于指示下级单位如何开展工作。

4. 任免性通知

任免性通知适用于任免和聘用人员。

5. 事务性通知

事务性通知适用于处理日常事务性工作，常把有关信息或要求用通知的形式传达给有关单位及人员。

（四）通知的基本要素与格式

1. 标题

通知标题的构成有两种形式：一是完全式标题，由发文单位名称、事由、文种组成，如《××公司关于组织开展2019年上半年新员工技能培训工作的通知》。二是省略式标题，省略发文单位，由事由、文种组成，如《关于开展个人所得税政策专题培训的通知》；而只保留文种“通知”作为标题的，一般在告知范围较小、内容简单的情况时使用，如单位内部的会议通知、政治学习通知、简单的工作通知等。

通知标题的拟定应当特别注意批转转发性通知标题的特殊性。通常情形下，批转通知、转发通知常常采用四元素标题，即“发文单位+关于转发（批转）+原文标题+文种”，如《××公司关于转发××集团公司2019年度绩效考核方案的通知》。但是如出现批转（转发）的文件本身就是通知，或者层层批转（转发）的时候，直接采用此办法则会出现标题冗长、语意重复、语言累赘等问题，一般可采用以下四种方法避免。

（1）当原标题（指拟转发、批转公文的标题，下同）中含有“关于”“对”等介词，且原文文种非“通知”时，可采用“发文单位（可省略）+转发（批转）+原标题+的通知”的形式，其中原文文种前有“的”字时，应省略“的”字。如《××公司转发××集团公司关于进一步推进绩效管理制度改革决定的通知》，转发文件名是《××集团公司关于进一步推进绩效管理制度改革的决定》，因原标题中含有介词“关于”，原文文种为“决定”，因此，在拟定转发标题时，在“转发”前省略“关于”，在原标题末尾加上“的通知”，省略“决定”前的“的”字。

（2）当转发、批转文件本身是通知时，可采用“发文单位（可省略）+转发+原标题”的形式。如《转发湖南省人力资源和社会保障厅关于开展2019年度享受省政府特殊津贴人员选拔推荐工作的通知》，该标题的原标题为《湖南省人力资源和社会保障厅关于开展2019年度享受省政府特殊津贴人员选拔推荐工作的通知》，因为原标题中既有介词“关于”，文种又是“通知”，所以拟定转发标题时直接用“转发+原标题”即可。

（3）当原标题中不含“关于”“对”等介词时，可采用“发文单位（可省略）+关于+原标题+的通知”的形式，其中原文文种前有“的”字时，可省略“的”字。

（4）如转发、批转层次较多时，可采用省略方式以避免出现重复、累赘问题。省略中间环节，直接转发初始发文单位文件；如最终转发的是规章制度之类的文件，也可直接转发该规章制度；有的文件标题文字较长，可用发文字号作为事由来进行精简。

印发通知一般采用四元素标题，即“发文单位+印发+事由+文种”，如《××（单位名称）关于印发湖南省机关事业单位工勤技能岗位考核实施办法的通知》。

2. 主送单位

通知一般都要注明主送单位名称，可以有多个，但是一些普发性通知可以省略主送单位，如召开例会的通知。

3. 正文

通知的适用范围广泛，种类多样，写作要求各不相同，在使用中形成了一定程度的差异化格式，但在基本要求上仍然具有应用文程式化的基本特点。

从内容上来看，通知在正文部分通常由四个模块组成。

（1）依据：制发通知的缘由、现实要求、法规依据或者情况交代等，体现制发通知的缘起。

（2）目的：交代制发通知的目的，简明直接地揭示发文的目的、意义，引起阅读者注意，通常用“为”“为了”等提示语引出。

（3）通知事项：正文的重点，根据行文主旨的要求来确定相应的情况叙述、问题分析、工作的执行措施和要求等，体现发文单位对某项工作的具体安排部署。

（4）结语：文末针对通知事项提出的希望、号召，强调的重点，指出的问题等，或者用“特此通知”收束全文。

这四个模块的内容可以根据行文主旨要求进行取舍，但是通知事项部分是核心内容时，不可省略。

4. 发文单位署名和成文日期

发文单位署名和成文日期在通知的最后也是不可或缺的。

（五）不同种类通知的主要内容

1. 指示性通知的主要内容

（1）依据：交代发文背景，提出行文的客观依据、目的、意义等。

（2）事项：阐明决策性、指挥性的指示精神，说明通知的事项、工作任务、具体要求、步骤方法等。

（3）结语：提出办理要求、注意事项。

2. 批转转发性通知的主要内容

批转转发性通知的主要内容由批语部分和批转、转发的文件组成。

一般情况下，批转转发性通知会与被批转或转发的公文一起发布。因为需要贯彻执行的内容在被批转或转发的公文中，所以批语和被批件两者都不能单独当作一份文件，通知的正文是“批语（主体内容+按语）+批转件”。

批转转发性通知的正文也可称为“批语”，表明发文单位的态度，提出贯彻执行的要求。如以下示例的批语是“现将湖南省人力资源和社会保障厅《关于开展 2019 年度享受省政府特殊津贴人员选拔推荐工作的通知》（湘人社函〔2019〕33 号）转发给你们”，然后提出执行要求“请按照通知要求，广泛宣传、积极组织，推荐符合条件的人员于 4 月 8 日前将申报材料（详见附件）报组织人事处”。有时执行要求只有一句话，有时会根据实际情况提出比较详细的、具体的执行要求。

示例：

转发湖南省人力资源和社会保障厅关于开展 2019 年度享受省政府特殊津贴人员选拔推荐工作的通知

各部门：

现将湖南省人力资源和社会保障厅《关于开展 2019 年度享受省政府特殊津贴人员选拔推荐工作的通知》（湘人社函〔2019〕33 号）转发给你们。请按照通知要求，广泛宣传、积极组织，推荐符合条件的人员于 4 月 8 日前将申报材料报组织人事处。

联系人：×××　电话：××××××××

××集团公司

2019 年 4 月 1 日

3. 事务性通知的主要内容

（1）依据：一般是开门见山地说明发布通知的原因、目的等。

（2）通知事项：将通知的内容条理清晰地表达清楚，把布置的工作、需要完成的任务或者应该周知的事项进行说明，并阐明要求、措施、办法等。

（3）结语：一般是提出贯彻执行要求，如“请遵照执行”“望认真贯彻执行”等惯用语，事务简单的通知也可省略此部分。

4. 会议通知的主要内容

（1）依据：交代召开会议的依据、目的、意义，例会或者传达、知照性会议可省略此部分，直接以“经研究”过渡到正文。

（2）会议安排：此部分是会议通知的主要内容，一般包括会议名称、会议议题、会议时间与地点、报到时间与地点、与会人员、与会者需准备的材料、差旅费报销办法、联系单位、联系人与联系方式等，有的通知还附上会议日程安排和与会的有关证件。实际写作中可依据具体情况选择具体内容，采用分条列项式，条理清晰地说明各项具体安排和要求。

二、任务演练

（一）准确规范地进行标题的拟定

教育部印发了《教育部办公厅关于推荐/提名 2019 年度高等学校科学研究优秀成果奖（科学技术）的通知》（教技厅函〔2019〕29 号），为做好此项工作，某省教育厅将文件转发给全省各高校，某校为落实此项工作，将此文件转发给学校各部门，请代该校拟定文件标题。

（二）请依据下列情况拟定一份人员选拔的通知

某集团公司快速发展，为了进一步强化公司后备项目主管人员技能指导、工作改善等能力，准备从各分公司选拔一批业务技能扎实、具备团队管理能力的后备人才进行有针对性的培训，培训工作将由各单位人力资源部自行组织开展。选拔对象需符合以下条件：大专及以上学历，入职已满 1 年，近半年平均绩效排名处于项目前 1/3，服从城市公司范围内的统一调配。

各主管岗位及其职责如下：

1. 综合主管。职责包括项目人事（含基层员工技能培训）、行政、品质、财务等工作。

2. 品质主管（A 类项目）。职责包括项目体系文件管理、现场品质巡查、安全检查、周检、五常管理、精品工程创建等项目品质管理工作。

3. 安全主管。职责包括项目现场巡查、安全检查、接待服务、客户服务、设备用品及档案管理等工作。

4. 客服主管（不含会务）。职责包括客户接待、客户沟通、客户报修、客户投诉等工作。

5. 客服主管（含会务）。除上述客服主管的职责以外，还包括礼仪接待、会务服务等工作。

（三）对以下通知案例进行分析

关于开展2020年新任职项目经理及在职项目经理培训报名的通知

各城市公司、项目经理：

为进一步强化项目经理人才梯队建设，帮助项目经理更好地胜任岗位工作，提升团队建设及项目管理的业务技能，公司拟开展“2020 年第一期新任职项目经理及在职项目经理培训”，现将有关情况通知如下：

一、报名方式

由各城市公司推荐本单位内符合报名条件的项目经理参训，参训人员需填写报名表，各城市公司收集汇总后于 4 月 17 日前提交至公司人力资源部。

二、推荐范围

1. 2019 年 3 月以后任职且未参加过公司“新任职项目经理培训”的项目经理（包括主持工作的副经理/经理助理），原则上必须报名参加。

2. 各城市公司评估后认为有培训需求的项目经理（包括主持工作的副经理/经理助理）。

三、培训内容

此次培训将主要围绕优化后的 8 门精品课程进行讲解，紧扣项目经理胜任力及核心工作任务场景，强调解决问题的方式方法，强化学员团队建设、财务与经营、客户关系维护、质量管理等能力。

四、培训实施进度

4月上旬：公司人力资源部发布培训报名通知，各城市公司根据要求组织报名；

4月中旬：公司人力资源部完成报名人员的资格审核；

4月下旬：公司人力资源部确定培养方案，发布培训通知；

5月中旬：公司人力资源部完成培训的组织实施，培训时间约5天；

5—12月：公司人力资源部启动项目工作改进行动计划，指导学员结合项目亟待解决的问题识别工作改进的方向，在导师的辅导下逐步实施工作改进计划，由公司人力资源部、运营管理部对学员的工作改进情况进行过程跟进、督导检查与评分。

五、其他

1. 本次培训费用约为 2 000 元/人（不包含往返路费），费用由公司承担。

2. 如有疑问，请咨询公司人力资源部×××，联系电话：××××××××。

××公司人力资源部

2020 年 3 月 5 日

这是一篇事务性通知，请分析它的标题、正文、结尾是否符合写作要求，以及存在什么问题，然后进行修改。

三、任务评价指标与标准

评价内容		配分	评分标准	得分
职业素养		10分	诚实严谨，遵守纪律，独立完成任务；方法得当，思路清晰；能在规定时间内完成任务，体现职业素养	
工作任务	语言表达	15分	简洁，不烦冗，不说套话、空话；符合相关文种的风格要求，能正确表达意图，无歧义、病句、错句	
	文种选择	10分	能依据工作要求正确选择相应文种，依据该文种要求拟定写作计划	
	文书各要素的编制	30分	文书各要素齐全，基本架构符合文种要求；各要素编制版面分布规范、合理	
	内容及结构安排	35分	选择有效的数据材料，突出中心；结构合理，条理清晰，逻辑严密	
合计		100分		

四、学习与运用

1. 判断题

（1）通知在写作中，主送单位可以省略。（　　）

（2）通知在使用中比较灵活随意，可作为公文下发，也可以张贴。（　　）

（3）批转转发性通知标题拟定中，被批转、转发的文件不使用书名号。（　　）

（4）通知可以在不适用命令（令）、决定行文的时候取代这两类文种。（　　）

（5）通知是一种告知性文种，权威性、强制性较低。（　　）

2. 理解题

通知可在哪些情形下使用？

3. 改错题

请阅读以下通知，并将你认为错误的地方进行改正。

关于转发“××省人力资源和社会保障厅关于做好2019年全省机关事业单位工勤技能岗位考核工作的通知”的通知

各部，中心，处、室：

根据××省人力资源和社会保障厅《关于做好2019年全省机关事业单位工勤技能岗位考核工作的通知》（××人社函〔2019〕41号）及《关于印发××省机关事业单位工勤技能岗位考核实施办法的通知》（××人社发〔2018〕36号）文件精神，现将有关事项转发给你们。请各部门符合条件的工勤技能人员按照文件要求，于本月底将相关报名信息表格（详见附件3）报组织人事处。

联系人：×××，电话：××××××××。

组织人事处

2019年4月18日

附件1：《关于做好2019年全省机关事业单位工勤技能岗位考核工作的通知》

附件2：《关于印发××省机关事业单位工勤技能岗位考核实施办法的通知》

附件3：报名信息表

任务三　撰写通报

一、知识准备

（一）通报的概念及适用范围

1. 通报的概念

通报是各类单位用以通告某些影响较大的典型事例和传达情况的公文。

2. 通报的适用范围

通报主要用于交流经验、总结教训、教育员工、改进工作、表彰先进、批评错误、传达重要精神或者情况等。

通报属于下行文书，不同于通知、通告、决定等文种以说理为主来直接阐述要求，而是重在叙述事实，寓理于事，以事说理。通报通过选出针对性强，有教育意义的好坏、正反典型，或某些错误问题和不良倾向，以及较重要的情况与问题，知照有关单位，从而对单位及人员起到示范、指导、教育和警戒作用。

（二）通报的特点

1. 真实性

通报所反映的内容必须真实可信，这是通报的基本特点。无论是表彰性的通报，还是批评性的通报，或者是情况性的通报，写作时都必须实事求是，通报的事实必须真实，切忌掺杂水分。一是一，二是二，要做到准确无误，不可随意“贬低”或“拔高”，更不可胡编乱造。只有真实的通报，才具有生命力和说服力。

2. 告知性

通报的目的，就是让人们了解通报的事项，做好自己的工作，因此告知性是通报的一个明显特点。表彰先进的通报，让人们知道被表彰的先进典型，受到教育，向先进学习；批评错误的通报，让人们知道被批评的反面典型，从中吸取教训，引以为戒；交流情况的通报，让人们知道相关的信息，进行参考和借鉴。通报的告知性决定了它的表达方式常兼用叙述、说明和议论。

3. 及时性

通报的发出是为了教育人或沟通信息，因此就必须抓住时机，及时通报先进经验、反面典型或相关信息，以学习先进、推广经验，揭露错误、引以为戒，掌握信息、指导工作。应当看到，时过境迁的通报，即错过时机的通报，没有交流价值和实际意义。因此，通报及时性这一特点我们必须认真把握。

（三）通报的种类

1. 按通报性质划分

（1）表彰性通报

表彰性通报是用来表彰先进个人或集体，介绍先进经验或事迹，树立典型，号召大家学习的通报。

（2）批评性通报

批评性通报是用来批评、处分错误，以示警诫，要求被通报者和大家吸取教训的通报。

（3）传达重要精神的通报

传达重要精神的通报是把领导者的指示直接传达下去，或在表彰先进、批评错误以后，将领导者的指示传达下去。

（4）交流情况的通报

交流情况的通报是通过对事情进行重点和有针对性的介绍，在一定范围内传达重要情况和动向，更好地交流信息，正视问题，以达到推动工作的目的。

2. 按通报内容划分

（1）综合性通报

综合性通报是指把各单位同类的有关问题、情况及经验教训综合整理后一并通报。

（2）专题性通报

专题性通报是指把某一事件的经过、产生的原因、处理的情况、应学习的经验和应吸取的教训等专门行文的通报（见以下示例）。

示例：

关于张小华工伤事故处理的通报

2018年8月23日15时20分左右，生产部员工张小华在19#-1压机生产气缸头盖密封圈（SB200）J-234-3模具时，左手小指被夹在压机进出槽中，导致左手小指受伤，经医院治疗后确诊为“肢体功能性残缺”。

事后生产部成立专项小组，对事故原因进行调查分析，确定导致事故发生的根本原因为设备设置问题，并已重新对设备进行了调整，同时对各工序进行了全面安全隐患排查。

鉴于以上事实存在，根据公司《工伤事故管理办法》4.7.1的规定，经公司领导研究决定对相关人员做如下处理：

1. 硫化工张小华在此次事故中承担主要责任，考虑其身体受伤而予以从轻处理，给予其警告处分。

2. 在此次事故中，硫化组组长李小强、生产主管罗德林、生产部部长黄泽波分别承担连带管理及领导责任，鉴于事后整改有效、措施到位而予以从轻处理，分别处以100元、200元、300元罚款。

希望各部门深刻吸取教训，引以为戒，在今后的工作中加大日常安全隐患排查力度，加强员工安全操作培训，提升员工安全意识，杜绝“三违”现象，杜绝事故再发。

特此通报！

××公司管理部

2018年9月2日

（四）通报的基本要素与格式

通报一般由标题、正文和结尾三部分组成。

1. 标题

通报的标题一般有三种格式：一是由发文单位、事由和文种三要素构成，即“发文单位+事项+文种”，如《湖南××集团关于文件周转情况的通报》；二是可省略发文单位，即“事项+文种”，如《关于××工伤事故情况的通报》；三是只有文种，即“通报”，但比较重要的通报则不宜采用此格式。

2. 正文

正文是通报的主体部分，因通报的种类不同，写法也不相同，一般由三个部分组成，即提出问题、分析问题和解决问题。下面对四种常用通报的正文进行介绍。

（1）表彰性通报

表彰性通报的正文内容一般较短，分为三部分，即“情况”—“决定”—“希望”。所谓“情况”，即表彰的原因，也就是为何要表彰，需概述事件情况，说清楚时间、单位、人物、对什么工作做出了何种成绩或贡献，要把表彰对象的先进事迹阐述清楚。如果是对表现一直良好的单位或个人进行表彰，事迹阐述不但要清楚明了，还要注意详略得当，突出重点。所谓“决定”，就是表彰的具体内容，包括作出表彰决定的单位、具体表彰决定、给予先进集体或先进个人的奖励等级等。最后提出“希望”，即对被表彰的先进集体或先进个人的期望与要求，对其他相关部门和人员的要求与号召等。如果表彰的集体或人物较多，正文可只点一个领头的集体或领头的人物，其余用附件予以列出，如《关于徐××等同志立功的表彰通报》。

（2）批评性通报

批评性通报的正文也分为三部分。首先，概述事情的基本情况，即“问题”，包括事件发生的时间、地点、过程、责任单位和责任人，并对“问题”进行探讨分析，找具体原因，包括直接原因和深层原因。注意在阐述事件发生的原因、过程时，要抓住事物的本质，揭示事物的要害，不能避重就轻，隐瞒事实真相，应实事求是，一针见血。其次，说明对有关责任部门和责任人的处理情况和改进措施，包括责任部门和责任人应承担的责任、政策和法律法规依据、应采取的措施、对事件的处理（对责任部门和责任人的处理）等。最后，提出“希望”或“要求”，包括应吸取的教训、重申或传达上级有关重要精神、对下级部门和人员的要求等。

（3）传达重要精神的通报

传达重要精神的通报有两种形式。一是把领导者的指示直接传达下去，如《××通报》等。二是在表彰先进、批评错误之后，将领导者的指示传达下去。例如，批评错误的通报，在应吸取的教训和要求中将上级精神传达下去；表彰先进的通报，在要求与号召部分传达上级重要精神。正文的写作方法一般采用分项式，直至写清为止。

（4）交流情况的通报

不论是综合性的还是专题性的，交流情况通报的正文一般由发文的缘由与根据，事件产生时间、原因、过程和结果，应当借鉴的情况或应当吸取的教训等组成。这类通报应从全局出发，用概括性语言，对应当通报的情况进行简要的概括性叙述，文字不宜太长，达到通报的目的即可。

3. 结尾

结尾包括发文单位署名、成文时间、抄送、附件等。有的在通报标题中已标明发文单位名称，这里就不必再写。注意，成文时间应当使用阿拉伯数字。

示例一：

关于2018年度优秀员工表彰的通报

各部门：

2018年度我公司全体员工在公司领导班子的正确领导下，充分发挥主观能动性，拼搏进取，勤奋工作，促进了公司的稳定快速发展。在此过程中，涌现出了一批为公司发展不辞辛苦、无私奉献的优秀员工。

根据2018年度员工考核结果，各部门负责人向公司推荐了9位优秀员工候选人。为了总结成绩，激励先进，弘扬典型，进一步激发广大员工的积极性和创造性。经总经理办公会评议，授予以下人员“2018年度优秀员工”光荣称号。

××部门：×××

××部门：××

××部门：××

××部门：×××

××部门：×××、×××、×××

××部门：×××、××

希望以上受表彰的员工能在今后的工作中再接再厉，取得更好的成绩。同时希望其他员工向他们学习，在工作中积极进取，不断创新，为公司更好发展贡献自己的力量。

××有限公司

2019年1月5日

示例二：

关于×××集团公司综合检查情况的通报

各分公司、直属队、项目部：

为深入贯彻落实××省安全生产电视电话会议精神，进一步加大工程施工质量安全管控力度，有效防范和坚决遏制各类安全生产事故，集团公司于2017年9月11日至

22日对所有在建工程开展了质量安全综合大检查。现将检查情况通报如下：

一、存在主要问题

（一）项目管理行为方面

1. 仍有个别项目违反基本建设程序，在未招投标、无合同的情况下就开工，如轮台×××住宅小区7#楼地下车库等个别工程未报公司批准就私自开工或复工。

2. 现场管理人员与投标人员不相符，未按规定办理变更手续，有的虽进行了人员变更，但部分变更人员也未在岗履职，专职安全员和特种作业人员配备不足，存在人证不符、无证上岗的现象。

（二）安全生产文明施工方面

1. 部分工地未制定落实重大危险源的管理规定，无重大危险源管理台账，施工组织设计和专项安全方案实施情况较差，大部分项目部虽有应急救援预案但未组织演练。

2. 个别项目洞口、电梯井洞防护不到位，工作面边沿无临边防护，防护棚搭设过于随意，未按公司标准化图集实施。

3. 塔吊、施工电梯等大型机械安装使用手续滞后，先使用后报验现象较为普遍，使用登记办理不及时，月检流于形式，个别项目塔吊、施工电梯司机紧缺，存在无证上岗的现象。

二、表扬与批评

在此次检查中，绝大多数分公司和项目部能够高度重视、积极配合，项目经理及管理人员均在现场参加了检查。为鼓励先进、鞭策后进，综合此次检查情况，对相对较好的某国际大厦、某人民医院×楼、某城市广场工程项目给予通报表扬；对相对较差的××商贸城综合楼、××银行办公楼项目给予通报批评。

三、下一步工作要求

即日起，公司将推广使用安全生产文明施工标准化图集，各分公司、直属队、项目部必须无条件执行，新开工工地要按照公司标准化要求布局，达标后报公司审查，审核合格后方可办理开工手续，否则不予开工。

各分公司和项目负责人要抱着对社会负责、对集团公司负责、对自己负责的态度，尽最大努力克服甲方资金短缺带来的负面影响，想尽一切办法解决好工资支付问题，并坚持做到将工资发放到务工人员本人，杜绝年底群体性上访事件发生。

×××集团公司

2017年9月29日

点评：

这是两篇常见的通报，示例一从种类上属于专题性通报和表彰性通报，旨在表彰优秀员工。示例二则属于综合性通报和交流情况的通报，旨在推动工作的开展。两篇通报书写格式都较为规范，都由标题、正文和结尾组成。在写作上，标题都是采用“事项+文种”的形式。结尾标明了发文单位和成文时间。

但在正文书写部分稍有不同，示例一正文包含三部分内容：①情况，即讲明为什么要表彰；②决定，即通报中明确指出给予表彰的人员；③希望，即向全体员工提出希望。

示例二的正文则用概括性语言表述，站在集团公司的角度为各分公司、直属队、项目部说明情况。

两篇通报还存在一定的问题。示例一中未说明表彰员工的具体事迹，同时最后提出的希望缺乏感召力；示例二中应先阐述表扬与批评的事件，随后再进行简要概括。

（五）撰写通报的注意事项

1. 把握及时性

写通报一定要把握好时机，不搞过时的通报，特别是对某些重大事项和重要情况，要不失时机地予以通报，以真正起到及时交流情况、沟通信息、宣传典型、抑恶扬善、指导工作等作用。

2. 把握典型性

通报的内容必须典型，要有一定的教育意义和指导意义。不可凡事都发通报，必须选择有典型意义的、体现时代特征的、对某项工作有普遍指导意义的事件进行通报。要挖掘事件最根本的原因和事物本质，切中要害，一针见血。只有这样，才能真正达到通报的效果。

3. 把握真实性

真实是通报事件的基础。写作时，必须尊重客观事实，要深入基层认真调查研究，千万不要凭“想当然”拼凑材料，乃至于虚构。评论也要实事求是，忠实于事件的原貌，否则难以让人信服，从而损害通报的质量和作用。

4. 区别通知与通报

虽然通知与通报都是告知下级去办，都是提出解决问题的建议等，但两者是有区别的。行文时间上，通知是事前，通报是事后；内容范围上，通知告知的主要是工作情况，以及需共同遵守执行的事项，通报则是告知正反面典型，或传达重要精神或交流情况；目的要求上，通知的目的是通过具体事项的安排，部署行动，要求单位员工执行或办理，而通报则主要是交流、了解情况，或通过正反面的典型起到指导教育的作用。

二、任务演练

（一）准确规范地撰写通报

某科技公司上班纪律要求为：上班时间不得玩电脑游戏，需每日穿工作服。而市场部员工张某一直无视公司规定，自由散漫。2019 年 7 月 15 日张某又在上班期间玩电脑游戏。经部门领导研究决定，对张某的违纪行为予以通报。

请你为人力资源部撰写此次事件的通报。

（二）对以下通报案例进行问题分析

关于 7 月份绩效考核结果的通报

公司各单位：

从今年 5 月份开始，我公司正式按照三级考核办法对各单位实施了绩效考核。1—7 月份共考核了 3 次。现将各单位 7 月份绩效考核结果通报如下：

一、绩效考核的收效

通过大力宣传绩效考核的重要意义，各单位对三级绩效考核的认识明显提高，特别是通过兑现绩效工资，员工的积极性倍增，在各自的岗位上尽职尽责地工作，更好地发挥了效益工资的激励作用，有效地调动了全体员工潜能和工作积极性。自推行员工岗位绩效考核以来，员工迟到早退、旷工现象不复存在，仪容仪表明显改观，文明用语随处可以听到，遵章守纪蔚然成风。

通过绩效考核，公司继续保持了零事故纪录，综合线损同比下降了 0.5 个百分点，未发生任何行风问题，收到了较好的效果。

二、存在的问题

1. 标准化资料不规范，只重数量，不求质量，经不起检验和考核，需尽快完善。

2. 个别单位负责人仍然对绩效考核重视程度不够，不亲自参与考核，只派业务素质不精、责任心不强的人员下去考核，考核敷衍了事，当场不打分、不签字，不提整改意见，导致被考核单位和员工不认可考核结果。

3. 个别部门派出的考核人员不深入现场，导致考核结果严重失真，同时考核结果未能及时上报，从而影响了全公司考核结果不能及时汇总通报。

4. 个别单位的考核不全面、不认真，在一定程度上出现了考核盲区，不能够真实准确地发现问题。

上述一系列问题的存在，导致考核工作滞后于日常各项工作，达不到绩效考核的目的。

××有限公司

××××年×月×日

请你分析这篇通报存在的问题，并进行修改。

三、任务评价指标与标准

评价内容		配分	评分标准	得分
职业素养		10 分	诚实严谨，遵守纪律，独立完成任务；方法得当，思路清晰；能在规定时间完成任务，体现职业素养	
工作任务	语言表达	15 分	简洁，不烦冗，不说套话、空话；符合相关文种的风格要求，能正确表达意图，无歧义、病句、错句	
	文种选择	10 分	能依据工作要求正确选择相应文种，依据该文种要求拟定写作计划	
	文书各要素的编制	30 分	文书各要素齐全，基本架构符合文种要求；各要素编制版面分布规范、合理	
	内容及结构安排	35 分	选择有效的数据材料，突出中心；结构合理，条理清晰，逻辑严密	
合计		100 分		

四、学习与运用

1. 判断题

通知具有指导性，通报具有指示性。（　　）

2. 选择题

下列通报的标题正确的是（　　）。

A. 关于扣除徐××等同志绩效工资的通报

B. 表彰通报

C. 关于情况的通报

D. 通报

3. 根据以下内容提示，拟定公文标题。

某汽车销售公司销售顾问李杰，三年来潜心研究客户心理，努力探究客户需求，想方设法开发新客户，以饱满的热情、乐观进取的精神、积极主动的工作态度取得了一个又一个的佳绩。公司决定在年终时对其行为进行通报。

任务四　制作纪要

一、知识准备

（一）纪要的概念及适用范围

1. 纪要的概念

纪要是记载、传达会议情况和议定事项的公文。也就是说，纪要是对会议目的、要求、内容和决定事项用文字进行归纳总结，达到上传下达、推进工作的效果。

2. 纪要的适用范围

纪要是适用于记载会议主要情况和议定事项的公文文种。纪要产生于会议后期或者会后，属纪实性公文。纪要是根据会议情况、会议记录和各种会议材料，经过综合整理而形成的概括性强、凝练度高的文件，具有情况通报、执行依据等作用。任何类型的会议都可印发纪要，尚待决议的或者有不同意见的，也可以写入纪要。纪要是一个具有广泛实用价值的文种。

（二）纪要的基本要素及制作要求

纪要通常由标题、正文、主送抄送单位构成。

1. 标题

标题主要有以下两种格式：一是会议事项加纪要，如《关于绩效工资发放的会议纪要》。这种标题格式适合于主题单一的专题会议。二是会议名称加纪要，如《公司年度总结会议纪要》。这种标题格式适合于会议内容较多的会议。

2. 正文

纪要正文一般由会议概况、会议中心内容和结尾三部分组成。

(1) 会议概况

会议概况主要包括会议名称、目的、内容、时间、地点、主要议题、主持人、与会人员等。

(2) 会议中心内容

会议中心内容包括会议的精神和议定事项。常务会、办公会、日常工作例会的纪要，一般包括会议内容、议定事项，有的还可概述议定事项的意义。工作会议、专业会议和座谈会的纪要，往往还要写出经验、做法，今后工作的意见、措施和要求。

(3) 结尾

纪要结尾一般是提出希望和号召，对会议的评价或向会议主办单位致谢等。

3. 主送抄送单位

主送单位，即实际办理执行或答复问题的单位或个人，一般要求写单位全称，明确发送对象，不能随意简化。抄送单位，即公文送达的平行单位和下属单位，这些单位只需了解公文内容即可，一般不需要直接办理和答复。

(三) 纪要的写法

1. 概述法

概述法是指把会议内容和议定事项进行综合概括，分成若干部分。座谈会、讨论会和内容复杂的大中型工作会议多采用这种方法。一般把主要的、重要的内容放在前面，尽量写得详细、具体；次要的、一般的内容放在后面，可酌情简写。

2. 条项法

条项法是指把主要内容按照讨论议题和议定事项，依照主次逐条阐明。内容比较简单的会议就可以采用此种方法。

3. 摘要法

摘要法是指把与会者具有典型性、代表性的发言要点摘录出来，按照发言顺序或内容性质先后写出。这种方法可尽量保留发言人谈话的风格，较为客观具体。

示例一：

××公司会议纪要

公司办公室××××年×月×日

公司××××年×月份工作例会

×月×日下午，公司召开中层干部工作例会。会议由公司总经理×××主持，公司领导×××、×××、×××，以及办公室、财务部、合同部、城网工作部、运管部、工程部和×××等有关负责人参加了会议，设备部负责人因其他工作未参加会议。各有关部室、×××对×月份的工作完成情况进行了交流，对下一步的工作安排进行了研究，×××、×××等领导就各自分管工作发表了意见，×××董事长就公司面临的形势和公司中心工作提出了要求，×××总经理对×月（下个月）的工作进行了部署。现将会议的有关内容纪要如下：

……

会议认为，××××年度由于受世界经济危机的影响，公司的财务压力较大，对此，大家要有清醒的认识。会议要求：一要进一步做好节约型企业创建工作，在如何节约成本上动脑筋、想办法，尤其是要加强对×××成本的控制；二要加强×××的改革和研究，进一步做好×××工作。

……

主送：公司各部室、×××

抄送：×××

发：公司董事长、总经理、副总经理、财务总监、总工程师、总经理助理

印发时间：××××年×月×日　　共印：25 份

示例二：

周例会会议纪要

会议时间：××××年×月×日

会议地点：××××

会议主题：××××

会议主持：×××

参会人员：×××、×××、×××、×××

缺席人员：×××、×××、×××、×××

会上主持人要求各部门对上周工作事项、本周工作重点，以及工作中碰到和存在的问题进行总结、交流，并由主持人安排近期要开展的主要工作。现将会议内容纪要如下：

开发部（汇报人：×××）

销售部（汇报人：×××）

……

抄报：分管领导

发：各列会人员

记录整理：×××

核对：×××

××××年×月×日

参会人员签字：

点评：

这两篇纪要示例较为规范，都是由标题、正文、主送抄送单位组成。写法选择上，示例一用的是概括法，而示例二用的是摘要法。示例一适用于内容较多的会议，示例二则适用于例会、常务会议等事务性会议。

（四）制作纪要的注意事项

1. 用概述法写作纪要要正确地概括会议的意见，没有取得一致意见的一般不写入纪要，但对少数人意见中的合理部分，也要注意吸收。

2. 例会和办公会议、常务会议的纪要，重点将会议所研究的问题和决定事项逐条归纳，做到条理清楚，简明扼要。

3. 纪要写成后，可由会议主办单位直接印发，也可由上级领导单位批转。有的纪要还可由会议主办单位加按语印发。

二、任务演练

（一）准确规范地制作纪要

请根据下面的会议记录，制作一份会议纪要。

××有限公司业务会议记录

时间：××××年×月×日　星期×　17：00—18：30

会议地点：×××

主持人：总经理×××

出席人：公司各部门负责人

缺席：×××、×××

主持人：今天召开业务会议，讨论研究各部门需加强和改进的业务工作。为了公司的更好发展，请大家畅所欲言。

人力资源部经理××提出：

1. 关于公司人员的重新分配，从今天开始，×××着重投入网络的优化，做好网页的宣传，而新入职的办公室助理则接手×××之前担任的行政工作，其他人继续在自己的岗位上做好工作。

2. 严格管理业务部，业务是最重要的模块，要加大力度抓紧和投入。

3. 严格执行考勤制度，一个月内迟到两次要相应地扣减工资，遵守打卡制度，有事须提前通知请假，如有特殊情况，请假的员工需在次日到经理处说明情况。

4. 将座位进行重新编排，把业务部的人员规划在一起，让公司有一个严谨、规范的形象。

5. 建立一个专门对外接受咨询的QQ，每天专门由×××负责登录，然后分派给业务员，到月末统计网上咨询了解公司产品和信息的客户人数。这样有利于决定加大还是保持公司的投入力度。

市场经理××提出：

1. 由于在下班时间办公室没有业务员的情况下仍然会有电话打进，×××建议将电话转接到业务员的手机，这样能够保证及时接到电话。

2. 办公室的环境要靠大家一起整理，细至每一个人的座位，大至公司的财产保护，尽力改善公司的形象，让客户看到公司的规范。

3. 同事之间应该互相提出建议，一起进步。

总经理助理××提出：

1. 加强生产、销售。销售是重点，需要用心做。另外，研发人员应多下车间，这样可以更好地了解产品的参数和质量。

2. 对产品的投放力度要加大，努力完善网站的优化。

3. 需对外贸部业务进行更详细的细化、整理。

最后，主持人简要总结今天的会议内容并提出：每一个员工都需用心投入，付出与收获是成正比的，公司的发展离不开每一位员工的努力。

（二）对以下纪要案例进行问题分析

云南××物流有限公司纪要

××司纪〔2019〕1号　　　　　　　　　　　　签发人：王××

管理人员工作会会议纪要

会议时间：2019年8月14日，星期三

会议地点：12楼会议室

会议主题：××物流公司管理人员工作会

会议主持：杨×

参会人员：杨×、陆×、沙×、梁××、衣×、杨××、高××、张××、姜×

一、运营中心下设三个大区，每个大区下辖5~6个分公司，每个大区设区域总经理一名。

二、根据公司组织机构的设置以及下一阶段工作开展计划，结合8月8日公司组织的副总（含）以上人员述职考核结果，对公司各高层管理人员的工作岗位和职责安排如下：

陆×兼任总经理，分管信息中心、大客户中心；

梁××任副总经理，分管调度中心、客户中心；

衣×任副总经理，分管拓展中心；

杨××任副总经理，分管运营中心及各分公司。

三、拓展中心根据公司发展战略规划，以三人一组（共五组）开展分公司的建点工作，分别负责分公司的办公室租赁、装修，办公用品用具的购买配置，人员的招聘和培训，相关资质证照的办理，广告的发布等前期筹备工作。建点工作以标准化流程进行，拓展中心负责制定统一的办公室装修方案，以及办公用品配置标准方案及其验收标准。总经办负责制定拓展中心人员的提成和考核标准。

云南××物流有限公司

2019年8月20日

抄送：股东办、新兴产业部董事会、传统产业部董事会、公司监事会、财务中心、行政及对外联络部、人力资源部

云南××物流有限公司　　2019 年 8 月 20 日印发

请你分析这篇纪要存在的问题，并进行修改。

三、任务评价指标与标准

评价内容		配分	评分标准	得分
职业素养		10 分	诚实严谨，遵守纪律，独立完成任务；方法得当，思路清晰；能在规定时间完成任务，体现职业素养	
工作任务	语言表达	15 分	简洁，不烦冗，不说套话、空话；符合相关文种的风格要求，能正确表达意图，无歧义、病句、错句	
	文种选择	10 分	能依据工作要求正确选择相应文种，依据该文种要求拟定写作计划	
	文书各要素的编制	30 分	文书各要素齐全，基本架构符合文种要求；各要素编制版面分布规范、合理	
	内容及结构安排	35 分	选择有效的数据材料，突出中心；结构合理，条理清晰，逻辑严密。	
合计		100 分		

四、学习与运用

1. 判断题

纪要可用第三人称表述，也可用第一人称表述。（　　）

2. 选择题

纪要是会议文件的一种，以下关于纪要的标题说法正确的是（　　）。

A. 标题需要写明会议和文种

B. 标题需要写明会议名称、事由和文种

C. 标题需要写明发文单位名称、事由和文种

D. 可在副标题中简明扼要地揭示中心思想

3. 参加有关会议，制作一篇纪要。

项目四

人力资源管理常用行政公文类文书（上行文）

【项目说明】

本项目主要对人力资源管理工作中常用的行政上行公文——报告、请示的概念、适用范围、特点等进行介绍；结合实例，学习和掌握行政上行公文的写作要求和行文规则。

【项目导入】

一、主题案例

公司人力资源状况分析报告该怎么写

××公司成立于2016年，以销售国内几大品牌电子产品为主要业务，通过线上线下等方式进行销售，拥有各类员工300余名，但最近一年以来，公司销售业绩增幅缓慢，同时员工流失率逐步上升。为有效解决相关问题，公司管理层召开了专门会议，各相关部门开展了相关工作，上级指示人力资源部小王收集本公司员工的相关数据信息并进行汇报。小王觉得有点困惑：形成的文字材料究竟以何种形式上报呢？

二、学习目标

1. 了解行政上行公文种类。
2. 正确区分各文种的适用范围，选择正确文种。
3. 掌握常用报告、请示的写法。

4. 能够撰写常用报告、请示。

任务一 撰写报告

一、知识准备

（一）报告的概念及适用范围

报告属于上行文，在行政管理以及业务工作过程中应用相当广泛。按照上级要求、部署或工作计划进行工作，当有关工作完成后，一般都要向上级写报告，反映工作中的基本情况、取得的经验教训、存在的问题以及今后工作设想等，以便上级了解工作状况，并得到上级的指导或支持。

1. 报告的概念

根据《党政机关公文处理工作条例》的规定，报告是向上级机关汇报工作、反映情况，回复上级机关询问的一种陈述性公文。在国家党政机关的管理中，报告作为法定上行公文使用，但是其他各类企事业单位、社会团体在处理日常管理及业务工作中也大量使用报告这一文种，此时报告一般是作为通用事务类文书使用。

2. 报告的适用范围

报告在使用中带有极强的汇报性，下情上达，依据工作安排的需要向上级汇报工作、反映情况，回复上级的询问，主要适用于以下情况：

（1）用于定期向上级单位汇报本单位、本部门各项工作开展的情况。

（2）及时反馈实际工作中遇到的问题，为上级进行决策和制定方针、政策提供依据。

（3）反映贯彻执行上级各项方针、政策、批示的情况。

（4）用于向上级单位陈述意见，提出建议，如针对本地区、本单位、本部门带有普遍意义或倾向性的问题，提供解决的途径，为上级当好参谋。

（5）还可以用于答复上级单位的询问，使上级单位在全面掌握情况的基础上准确、有效地指导工作。

（二）报告的特点

1. 陈述性

报告用于下级单位向上级单位汇报工作、反映情况，提出意见或建议，主要是让上级及时了解情况，所以报告在写作上一般采用叙述、说明、概括的表达方式。报告写作时要以事实材料为主要内容，一般不要求上级批示答复，因而具有明显的陈述性。

2. 汇报性

对下级来说，报告是下情上达的主要手段，是下级向上级单位或业务主管部门汇报工作，让上级单位掌握基本情况并及时对自己的工作进行指导，同时也是上级单位决策、指导和协调工作的重要依据。所以，汇报性是报告的一大特点。

3. 单向性

报告是下级单位向上级单位行文，是为上级进行宏观管理提供依据，一般不需要受文单位的批复，属于单向行文。

4. 事后性

多数报告都是在事情做完或发生后，向上级单位汇报工作，是事后或事中行文。

（三）报告的种类

报告的分类方法很多，根据性质不同，可分为综合报告和专题报告；根据时间期限不同，可分为定期报告和不定期报告；根据内容不同，可分为工作报告、情况报告、建议报告、答复报告和递送报告等。按照报告的适用范围来区分，可分为公文类报告和事务类报告两大类。

1. 公文类报告

公文类报告是国家党政机关在管理国家事务的过程中形成的具有法定效力和规范体式的文书，是公务活动的重要工具。在使用中通常根据报告的内容分为汇报性报告、答复性报告、呈报性报告和例行工作报告。

（1）汇报性报告

汇报性报告主要是下级机关向上级机关、执行机关向权力机关汇报工作、反映情况的报告。这种报告一般可分为两种类型。

1）综合报告。这种报告是本单位、本部门或本地区、本系统工作到一定的阶段，就工作的全面情况向上级写的汇报性报告。其内容大体包括工作的进展情况、成绩或问题、经验或教训以及对今后工作的意见。这种报告的特点是全面、概括、精练。所谓“全面”，是指报告的内容要体现一个地区、一个部门在某一段时间内的全面工作情况；所谓“概括、精练”，是指表述内容的时候，少写或不写烦琐的工作过程，要用结论性、要求性的语言，表达出某项工作的结果、希望或要求。

2）专题报告。这种报告是本单位、本部门或本地区、本系统就某项工作或某个问题，向上级领导部门所写的汇报性报告。其内容与综合性报告差不多，但也有自身的特点。

①内容专一。也就是说，一份专题报告只反映某一方面的情况和问题。除了写出事件的结果以外，常常把重点放在情况的阐述、事情的原委、性质的分析和自己的看法上。如果是反映成绩的报告，则应把重点放在做法、成绩、经验和总结上。也可就某一问题专门提出建议。

②针对性强。这主要包括两个方面的意思。一是日常工作中出现的新情况、新问题，向上级汇报以后可以及时得到支持或指示；二是上级在安排部署某项工作任务时，就要求下级在一定时间内把工作进展情况向领导汇报。领导要求什么，汇报什么，所以针对性较强。汇报性报告主要是便于领导掌握情况，为决策提供信息，除其中少数领导批转下发外，一般只予呈送，并不要求领导回答或批准什么问题。

（2）答复性报告

答复性报告是针对上级领导部门或业务管理部门所提出的问题或某些要求而写出的报告。这种报告要求问什么答什么，不要涉及询问以外的问题或情况。

（3）呈报性报告

呈报性报告是下级向上级报送文件、物件的一种报告。一般是用一两句话说明报送文件或物件的根据或目的，以及与文件、物件有关的事宜。

（4）例行工作报告

例行工作报告是下级机关或企事业单位因工作需要定期向上级领导机关或业务主管部门所写的报告。如财务部门定期向业务主管部门和财政、税收、银行等业务指导机关所呈送的财务报表，包括日报、周报、旬报、月报、季报等。

2. 事务类报告

报告具有汇报性，它以反映情况为主，使下情上达，因此应用广泛。不仅党政机关可以使用，社会团体、企事业单位也经常使用。事务类报告是指各类机关、社会团体、企事业单位在处理日常事务时用来进行情况汇报、信息沟通、经验总结、问题研究的实用性文体。它的行文格式不像公文那样严格，写作也比较灵活，同时不具备行政公文的法定权威性。

常见的事务类报告有调查报告、调研报告、工作报告等。

（1）调查报告

调查报告是针对工作中的某个方面、某个情况、某个问题，进行深入细致的调查研究，然后把调查研究得来的情况真实地表述出来，以反映问题，揭露矛盾，揭示事物发展的规律，向人们提供经验教训和改进办法，为有关部门提供决策依据，为科学研究和教学部门提供研究资料和社会信息。调查报告从调查的内容、目的、要求上分，基本上可以归纳为两大类：一类是综合性调查报告，即围绕一个问题，进行多方面的普遍调查，经过分析综合，提出自己的观点和意见；一类是专题性调查报告，包括重点调查、典型调查、抽样调查等，都是从某一个侧面调查，而不涉及全面情况。

（2）调研报告

调研报告是对某一情况、某一事件、某一经验或问题，经过在实践中对其客观实际情况的调查了解，将调查了解到的全部情况和材料进行“去粗取精、去伪存真、由此及彼、由表及里”的分析研究，揭示出本质，寻找出规律，总结出经验，最后以书面形式陈述出来。近年来，为了更加有针对性地开展工作，解决问题，提高工作效率，党政机关、企事业单位对于调研报告的使用频率日益提高。

调研报告与调查报告各有侧重。调查报告侧重调查过程，对调查结果进行概括归纳，一般是在调查的数据材料基础上进行简单的总结；而调研报告侧重于研究与结果，是以调查为前提，以研究为目的，在调查的数据材料基础上进行更深入的分析，揭示内在本质，充分反映调查研究的结果。

（3）工作报告

工作报告是指向上级单位汇报本单位、本部门工作情况、做法、经验以及问题的报告。工作报告主要是在汇报例行工作或临时工作情况时使用，也是常见的一种汇报性事务文书。工作报告就其内容来看有综合报告、年度报告、阶段性报告、专题报告等。

（四）报告的要素和内在结构

报告在使用中形成了规范的格式要求，公文类报告要求严格遵循格式规范，事务类报告虽然要求不如公文类报告那样严格，但在使用中也形成了较为程式化的格式。

1. 报告的要素构成

报告一般由首部、正文和尾部组成，其各部分的格式、内容和写法要求如下。

（1）首部

报告首部主要包括标题和主送单位两项内容。

1）报告标题常见的形式有两种。一种由发文单位、事由和文种构成，如《××部关于××抗灾救灾工作情况的报告》；另一种由事由和文种构成，如《政府工作报告》。

2）报告的主送单位可以是一个，也可以是多个。顶格写于文首，其后用冒号。

（2）正文

报告正文一般由开头、主体和结语等组成。

1）开头。主要交代报告的缘由，概括说明报告的目的、意义或根据，然后可用“现将××情况报告如下”一语转入下文。

2）主体。这是报告的核心部分，用来说明报告事项。它一般包括两方面内容：一是工作情况及问题，二是进一步开展工作的意见。在不同类型的报告中，正文中报告事项的内容可以有所侧重。工作报告在总结情况的基础上，重点提出下一步工作安排意见，大都采用序号、小标题区分层次。建议报告的重点应放在建议的内容上，也可以采用标序列述的方法。答复报告则根据真实、全面的情况，按照上级单位的询问和要求回答问题，陈述理由。呈报报告只需要写清楚报送的材料（文件、物件）的名称、数量即可。

3）结语。根据报告种类的不同一般都有不同的程式化结语，一般应另起段来写。工作报告和情况报告的结语常用“特此报告”；建议报告常用“以上报告，如无不妥，请批转各地执行”等；答复报告多用“专此报告”；呈报报告则用“请审阅”“请收阅”等。

（3）尾部

报告尾部一般包括署名和成文时间两项内容。关于署名，如果标题中有发文单位名称，这里不再署名。而一般情况下，要求在右下方署上机关单位或主要负责人姓名。之后，于其下写明年、月、日，并加盖单位公章或主要负责人印章。

2. 报告的内在结构

报告主体部分结构常见的形式有以下三种，在写作中根据报告目的的不同进行选择。

（1）纵式结构

纵式结构是指在内容编排上按照工作或实践活动的过程进行安排。写作时，把报告所包括的时间划分为几个阶段，按时间顺序分别叙述每个阶段的情况或问题。这种写法基本上是按工作展开的程序和步骤，分段说明每个步骤和阶段的工作情况或者需要反映的问题等。这种写法的优点是事物发展或工作任务完成的全过程表达得清楚明白。

（2）横式结构

横式结构是指按事实性质和规律的不同分门别类地依次展开内容，使各层之间展现相互并列的态势。这种写法的优点是各层次的内容鲜明集中。

（3）纵横式结构

纵横式结构是指安排内容时要考虑到时间的先后顺序，体现事物的发展过程，还要注意内容的逻辑关联，从几个方面反映情况，报告工作。这种写法，大多是先采用纵式结构写事物发展各个阶段的情况或问题，然后用横式结构总结经验或教训等。

（五）报告的撰写要求

1. 结构合理，重点突出

报告内容较多，应该根据写作目的选择恰当的结构安排，可按时间顺序、空间顺序、工作发展阶段或工作性质划分，尽力做到结构严谨、条理清楚、重点突出。报告不是简单的工作回顾总结，在写作时要抓住重点工作，使报告的中心明确、突出，对于次要工作可作一般叙述，使重点突出、主次分明、详略得当。

2. 取舍材料，选择典型

报告涉及的材料较多，撰写前应首先分析一下，什么材料、什么数据、什么事例最能阐明、表达行文的主旨，然后将那些最典型、最突出、最能反映事物本质的材料筛选出来。

3. 主题新颖，避免空泛

报告的主题应有新意，应反映新形势下的新事物、新问题、新典型、新经验，回答与解决人们在新形势下提出的各种疑点、难点问题，使报告的内容具有信息价值。即使是汇报常规性的工作，也应该找出工作重点挖掘新的特点与经验，反映具有实质性、规律性的信息，切不要把写报告作为例行公事，写得空泛无物。

撰写报告，需要对工作的全局、概貌作简要概括叙述，并引证有关的数据，用以说明工作的规模、广度，使阅读者获得对工作情况全面的认识，但同时，还必须列举具有代表性的典型事例、单位或典型经验，用以说明工作的深度。只有点面结合，才能使报告写得既全面又深刻，并有说服力。

二、任务演练

（一）报告各要素的编排

拟定一份单位绩效考核报告提纲，按照报告的基本要求将各项要素列出。

（二）报告的运用

某公司人力资源部根据上级要求制定了公司薪酬调整方案，应该通过何种方式进行上报，请拟定相应文书。

（三）对以下报告案例进行分析

某地区部分企业薪酬调查总体分析报告

一、调查目的

通过对当地橡胶轮胎、纺织、机械加工、石油、化学产品、热电生产、食品加工、模具加工等行业的薪酬调查，了解这些企业的薪酬、福利状况，为公司建立合理、有效的薪酬福利体系提供参考依据。

二、调查对象

某地区部分一定规模以上的企业。

三、调查时间

2010年3月至2010年6月。

四、同行业同档次公司薪酬调查情况汇总

1. S市（除S港外）同等档次公司基层员工薪酬情况

工资福利	轮胎橡胶	纺织	机械加工	石油	化学产品	热电生产	食品加工	模具加工
试用工资/元	1 000~1 500	800~1 200	1 000~1 500	900~1 200	800~1 500	800~1 200	600~1 200	900~1 200
最低工资/元	1 800	1 500	1 650	1 500	1 500	1 500	1 200	1 650
最高工资/元	5 000	2 500	4 500	4 000	3 000	2 800	2 200	5 000
平均工资/元	2 850	1 900	2 550	2 600	2 100	1 800	1 750	2 850
社保	部分有	部分有	部分有	部分有	部分有	部分有	部分有	部分有

续表

工资福利	轮胎橡胶	纺织	机械加工	石油	化学产品	热电生产	食品加工	模具加工
每天平均工作时间/小时	8	8	8	8	8	8	8	8
每月平均工作时间/天	24.8	27	24.5	22.7	23.8	22.8	26.6	26.5
住宿	有	有	有	有	有	有	有	有
工作餐	部分有	部分有	部分有	部分有	部分有	部分有	部分有	部分有

2. 各行业平均试用工资、正式工资分位表

岗位	试用工资/元	分位指数	正式工资/元	分位指数	建议方案
技术岗位	1 500	75%处 1 285 元	5 000	75%处 4 200 元	备用方案 80 分位即试用 1 305 元，正式 4 450 元 建议采用 75 分位即试用 1 285 元，正式 4 200 元
	1 330		4 500		
	1 250		4 000		
	1 200		3 500		
操作岗位	1 100	50%处 1 025 元	3 000	50%处 2 650 元	50 分位，试用 1 025 元，正式 2 650 元
	1 050		2 800		
	1 000		2 500		
	950		2 200		
文职岗位	900	25%处 835 元	2 100	25%处 1 950 元	
	850		2 000		
	800		1 800		
	600		1 600		

以上两个表格涉及 8 个行业 52 家企业 133 个岗位。所有岗位都有试用期，试用期待遇最低600 元，最高 1 500 元，个别岗位的试用期工资是面议，在此无法体现；在正式工资中，最低的 1 200 元，最高的 5 000 元，个别特殊岗位的工资是面议，在此无法体现。综合来看，在各行业中，文职岗位工资水平普遍低于其他岗位，一般在 1 200~2 200 元；技术岗位工资最高，一般在 2 800 元以上；操作岗位工资也是处于相对的高位，一般在 2 500 元以上（这里指的是所有岗位的平均工资，之所以会达到这个高位，是因为个别企业里有些特殊的技术、操作等岗位的工资待遇非常高，通常达到 5 000 元以上，特殊岗位的工资会把整个平均工资拉高）。我公司涉及的岗位在以上

表格的详细岗位表中基本得到覆盖，根据这个表格体现出的数据，在75分位左右即试用工资1 285元左右，文职岗位1 950元左右，操作岗位2 650元左右，技术岗位4 200元左右；在50分位左右即试用工资1 000元左右，文职岗位1 600元左右，操作岗位2 200元左右，技术岗位3 600元左右。此表因为涉及的大部分企业是某县境内的，只具备参考价值，特此提示。另外，以上所有数据都是扣除保险后的到手纯工资。

3. S港已开工公司基层员工薪酬情况

企业名称	A集团	B化工集团	C化工集团	D石化集团	E集团
试用工资/元	1 200	1 200～1 500	800～1 500	1 500～1 800	1 800～2 200
最低工资/元	1 600	2 300以上	2 000以上	1 800以上	2 500以上
最高工资/元	6 000	2 500以上	2 000以上	3 000以上	6 000以上
平均工资/元	3 300	2 450以上	2 000以上	2 500左右	3 500以上
社保	有	有	有	有	有，包括公积金
每天平均工作时间/小时	8	8	8	8	8
每月平均工作时间/天	22.8	22.8	22.8	22.7	21.7
住宿	有	有	有	有	有
工作餐	有	有	有	有	有

4. 各企业平均试用工资、正式工资分位表

岗位	试用工资/元	分位指数	正式工资/元	分位指数	建议方案
技术岗位	2 200	75%处 1 850元	6 000以上	75%处 3 245元	备用方案80分位即试用1 975元，正式3 450元 建议采用75分位即试用1 850元，正式3 245元
	2 000		3 500以上		
	1 800		3 200		
操作岗位	1 700	50%处 1 575元	3 000	50%处 2 725元	
	1 650		2 800		
	1 500		2 650		
	1 350		2 500以上		
文职岗位	1 200	25%处 1 125元	2 200	25%处 2 125元	
	1 050		2 000		
	800		1 800		

以上两个表格是S港已经开工和即将开工的5个企业的薪酬情况，这是5家具有代表性的企业，薪酬基本反映了S港开发区大部分企业的薪酬情况。以上两个表格涉及5

家企业49个岗位，基本涵盖了我公司已设计岗位中的大部分岗位，有很强的参考性。从表格数据看，S港的基本薪酬比S市其他地区普遍高出300~800元不等。试用工资最低1 200元，最高2 200元；正式工资最低1 600元，最高6 000元以上；还有一些特殊的岗位，采取的是面议工资，此表无法体现。和其他地区一样，各个岗位薪酬差距明显，也表现为：文职岗位偏低，技术和操作岗位偏高，个别特殊的技术岗位薪酬可达5 000元以上的高位。此外，E集团这样的大企业各种福利配置优越，五险一金俱全，还有一些其他的隐性奖励，工人的实际收入更高，从目前掌握的数据，E集团的待遇最高，平均工资在3 500元以上。根据上表，在75分位左右，试用工资1 800元左右，正式工资3 200元左右（这里指的是所有岗位的平均工资，之所以会达到这个高位，是因为个别企业里有些特殊的技术、操作岗位的工资待遇非常高，通常达到6 500元以上，特殊岗位的工资会把整个平均工资拉高）。另外，以上数据都是扣除保险后的到手纯工资。

五、分析

1. S市（除S港外）各类企业的薪酬状况比较

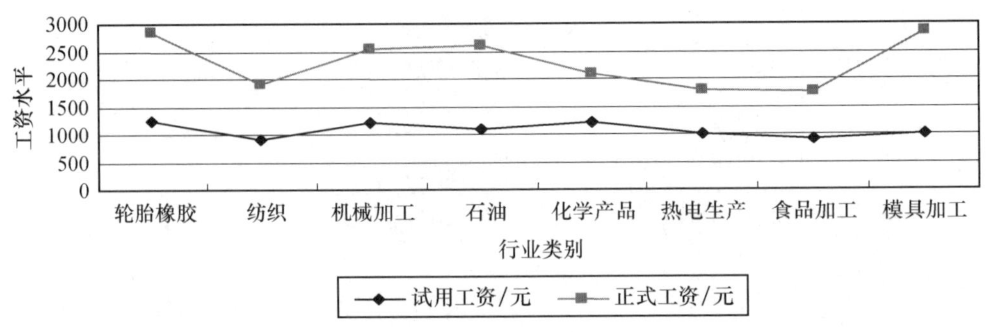

S市（除S港外）各类企业的薪酬状况比较

以上为S市（除S港外）8大行业试用工资和正式工资的薪酬水平的折线比较图，从图中可以明显看出，所有行业在试用工资方面差别不大，而在正式工资方面，轮胎橡胶、机械加工、石油、模具加工行业的正式工资都处于非常高位（个别技术岗位的高薪使整个工资水平拉高，不具有代表性）。

2. S港5家企业的试用工资、正式工资情况

以下为S港最具代表性的5家企业的工资水平的折线比较图，从图中可以明显看出，所有企业在试用工资方面差距不大，其中A集团和E集团在正式工资方面明显超过其他企业，这是因为它们的一些特殊技术岗位工资水平非常高，从而直接拉高了整体的平均工资。其他企业整体工资水平非常接近。

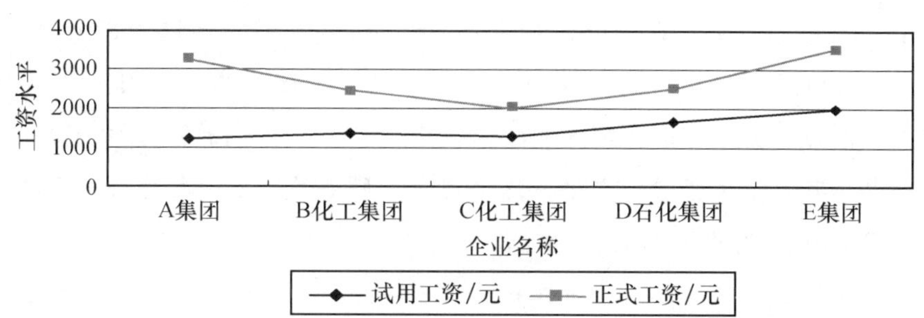

S港5家企业的试用工资、正式工资情况

3. 从S市（除S港外）各类企业缴纳保险费情况和S港5家企业的保险情况看，这两地的大部分企业都是积极缴纳各类保险费的，但是缴纳住房公积金的企业并不多。

4. 上班、休班时间

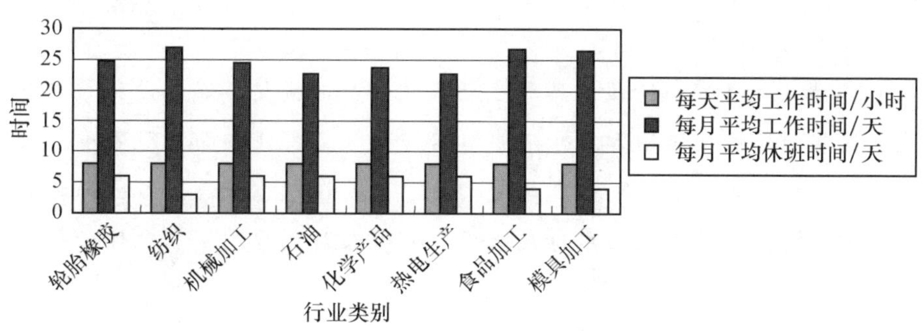

S市（除S港外）上班、休班时间

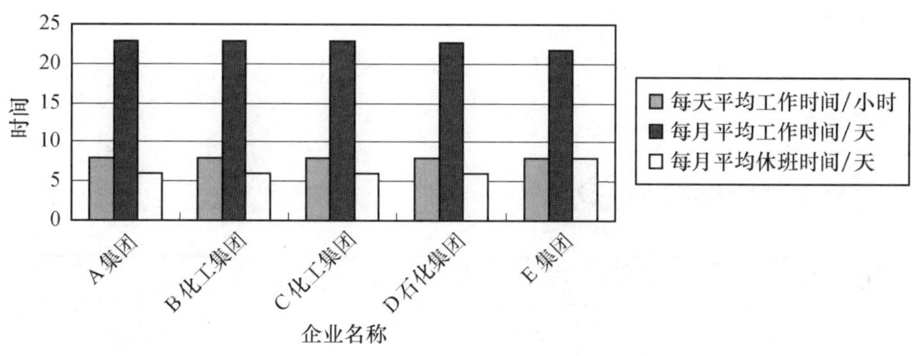

S港5家企业上班、休班时间

从以上两个图可以看出，S港各企业的休班制度比较符合国家正常的休假制度，一般都会过周末，而其他行业企业一般是自主制定休班制度，相互出入比较大。

六、建议

根据公司的薪酬目标及以上数据比较，提出如下建议：

1. 将员工整体的工资放在一个相对高分位的水平上，目前建议放在75分位处（平均试用工资 1 800 元，平均正式工资 3 200 元，之所以这么高位是因为公司需要很多从事精细化工作的人员，有很多特殊的技术性岗位，一般是高薪人才方可胜任），使其处于同行业中具有竞争优势薪酬水平，这样便于招聘且尽可能地留住公司需要的人才。

2. 考虑到周边企业的休班制度，建议把员工每月的休息时间定为6天，如不能达到6天，应提高值班补助，以消除员工的心理落差，稳定员工队伍；现有的生日送蛋糕活动，由于S港的物流业不够发达，可以考虑折成现金发放；各种法定假日、婚丧嫁娶都可以考虑给予假期，如不能应相应提高补助。

3. 由于S港离市区较远，生活购物不便，公司应该考虑尽可能地在衣食住行方面提供便利，如宿舍的各种生活配备尽量全面一些，配齐洗浴、洗衣、娱乐、运动设施，配备公司班车，及时发放工作服。考虑到S港的蚊虫较多，可给每个床铺配上一顶蚊帐，可显得人性化一点。

4. 整个S港现处于建设阶段，各种生活设施、公共设施、娱乐设施等匮乏，公共交通缺乏，这些问题将直接导致公司在员工招聘和员工留任方面出现困难，加之S港附近人口稀少，则更加大了招聘难度。由于大家都处在起步阶段，各公司之间人才的流动势必非常频繁，如想留住人才为我所用，公司在薪酬福利、衣食住行等方面都要取得优势。

5. 建议公司前期的薪酬应该定高一点，75分位不行的话，可以考虑80分位，甚至更高，等将来整个S港开发区建设起来以及各种设施完备以后，再考虑根据当时的环境进行薪酬调整。

这是一篇人力资源管理工作常用的薪酬调查分析报告，请你分析其存在的主要问题，并进行修改。

三、任务评价指标与标准

评价内容		配分	评分标准	得分
职业素养		10分	诚实严谨，遵守纪律，独立完成任务；方法得当，思路清晰；能在规定时间完成任务，体现职业素养	
工作任务	语言表达	15分	简洁，不烦冗，不说套话、空话；符合相关文种的风格要求，能正确表达意图，无歧义、病句、错句	
	文种选择	10分	能依据工作要求正确选择相应文种，依据该文种要求拟定写作计划	

续表

评价内容		配分	评分标准	得分
工作任务	文书各要素的编制	30 分	文书各要素齐全，基本架构符合文种要求；各要素编制版面分布规范、合理	
	内容及结构安排	35 分	选择有效的数据材料，突出中心；结构合理，条理清晰，逻辑严密	
合计		100 分		

四、学习与运用

1. 问答题

报告只能是国家党政机关才有权使用吗？为什么？

2. 选择题

下列哪些语句可以作为报告的结尾语（　　）。

A. 以上报告如无不妥，请批转各个部门执行

B. 特此报告

C. 以上报告，请审阅

D. 特此报告，请批示

3. 判断题

报告写作只能一文一事，不能一文多事。（　　）

任务二　撰写请示

一、知识准备

（一）请示的概念及适用范围

请示的行文目的是请求上级对本单位权限范围内无法决定的重大事项以及在工作中遇到的不能解决的疑难问题给予答复。

1. 请示的概念

请示是下级单位向上级单位或者业务主管部门请求指示和批准的请求性公文。请示属于上行文，具有强制回复的性质。

2. 请示的适用范围

（1）在实际工作中，遇到缺乏明确政策规定的情况需要处理。

（2）在实际工作中，遇到需要上级批准才能办理的事情。

（3）超出本单位、本部门职权，涉及多个单位、部门的事情，请示上级予以指示。

（二）请示的特点

1. 一文一事

为了便于领导批复，请示行文必须一文一事，也就是说，每则请示只能要求上级批复一个事项，解决一个问题。

2. 请批对应

一个请示，一个批复；没有请示就没有批复。请示所涉及的问题，一般较紧迫；如果没有批复，下级单位就无法工作。因此，下级单位应及时就有关问题向上级单位请示，上级单位也应及时批复。

3. 事前行文

请示应在问题发生或处理前行文，不可“先斩后奏”。

（三）请示的种类

1. 请求指示的请示

此类请示一般是政策性请示，是下级单位需要上级单位对有关的政策规定作出明确解释，对变通处理的问题作出审查认定，对如何处理突发事件或新情况、新问题作出明确指示等。

示例一：

××分公司关于人才引进学历要求认定的请示

××集团总公司人力资源部：

根据××分公司发展需要，为提升管理水平和保障工作的有序化，我公司拟在2019年7月通过招聘引进3名后备管理人员，分别是市场部、质检部和客服部副经理。经过简历筛选、面试，其中市场部伍××同志和质检部王××同志成绩、能力和工作经验优异，且都具有5年以上专业管理经历，符合公司要求，但学历文凭都是大专。根据集团总公司《关于管理技术岗位人才引进工作制度》第三条的规定“原则上要求具有本科及以上国家教育主管部门认可的学历文凭，特殊岗位和特殊人才可适当放宽至大专学历”，我公司拟择优录取伍××和王××同志，“特殊岗位和特殊人才可适当放宽至大专学历”是否适用于上述情况。

请指示！

××分公司

2019年8月1日

这份请示属于请求指示的请示，是下级单位需要上级单位对有关的政策规定作出明确解释，对变通处理的问题作出审查认定。政策问题是个原则性问题，凡是把握不准时都应及时请示。

2. 请求批准的请示

此类请示是请求上级单位批准编制、机构设置、领导班子组成、干部任免以及经费、工作任务等问题。

示例二：

关于××公司增加考工定级培训经费的请示

××集团公司：

自集团公司推行考工定级工作以来，我公司根据××集团公司考工定级工作安排及本公司员工培训工作的实际情况，对公司的员工进行了全面培训，形成了考工定级领导小组主管、有关部门积极参与的有机管理体系，考工定级工作取得了阶段性成果。现将2019—2020年度的考工定级预算费用汇报如下：2019年度考工定级预算经费为817 200元；2020年度考工定级预算经费为 1 174 800元。

为激发员工参加考工定级培训的热情，形成有效的内部竞争，进一步提高员工的操作技能和操作水平，增强员工的组织纪律性和学习自觉性，提高员工的培训学习质量和整体素质，我公司决定大幅度拉开工序之间等级工资差额，加大技能工资考核力度，计划在2020年预算经费基础上增加预算经费 456 000元，即2021年度考工定级预算费用为 1 630 800 元。

妥否，请批复！

××公司

2019 年 6 月 5 日

这份请示属于请求批准的请示。该请示针对“增加考工定级培训预算经费”的理由做了详尽的陈述，其目的在于请求上级单位尽快作出批复。

3. 请求批转的请示

下级单位就某一涉及面广的事项提出处理意见和办法，需各有关方面协同办理，但按规定又不能指令平级单位或不相隶属部门办理，需上级审定后批转执行，这样的请示就属于请求批转的请示。

示例三：

关于实施公司考勤、请假、休假管理办法的请示

总经理办公室：

为加强公司人员管理，严格请假纪律，确保考勤管理制度性、即时性和准确性，根据国家有关规定和公司制定的管理制度，结合公司的实际情况，特制定《××公司考勤、请假、休假管理办法》。

管理办法如无不妥，请批转各部门执行。

附：××公司考勤、请假、休假管理办法

人力资源部

20××年×月×日

这份请示属于请求批转的请示，由人力资源部拟定考勤、请假、休假管理办法，因为管理职权所限，请求上级同意并下发给其他部门执行。

（四）请示的要素构成

请示在使用中形成了规范的格式要求，一般由标题、主送单位、正文和落款四部分组成。

1. 标题

请示的标题一般有两种构成形式：一种由发文单位名称、事由和文种构成，如《××人力资源部关于××××的请示》；另一种由事由和文种构成，如《关于开展春节拥军优

属活动的请示》。

2. 主送单位

请示的主送单位是指负责受理和答复该文件的直属上级单位。每件请示只能写一个主送单位，不能多头请示。

3. 正文

正文一般由开头、主体和结语三部分组成。

（1）开头

开头主要交代请示的缘由。它是请示事项能否成立的前提条件，也是上级单位批复的根据。原因讲得客观、具体，理由讲得合理、充分，上级单位才好及时决断，予以有针对性的批复。

（2）主体

主体主要说明请求事项。它是向上级单位提出的具体请求。这部分内容要单一，只宜请求一件事。另外请示事项要写得具体、明确、条项清楚，以便上级单位给予明确批复。

（3）结语

结语应另起段，习惯用语一般有“当否，请批示”“妥否，请批复”“以上请示，请予审批”或“以上请示如无不妥，请批转各单位、各部门研究执行”等。

4. 落款

落款一般包括署名和成文时间两项内容。标题写明发文单位的，这里可省略，但需加盖单位公章。

（五）请示的撰写要求

1. 写请示须遵循以下原则：一文一事，一般只主送一个主管的领导单位，不多处主送，不送领导者个人；按隶属关系逐级请示，在一般情况下，不越级请示；请示上报的同时不抄送下级与同级单位。请示与报告不能混用，不能将请示写成报告，即不能写成“请示报告”。

2. 两个以上单位联合向上级单位请示时，要在事前确定主办单位，经过认真磋商，取得统一认识，而后会签、印发。

3. 提出请示时，应同时根据本单位、本部门的实际情况，对所请示的问题提出解决的初步意见和方案，提供给领导批复时参考。因此，事先要经过周密的调查研究，使提出的意见与方案准确切实。

4. 请求批准行政规章的请示，要在正文中说明制定此规章的必要性及其主要内容，而后将拟制发的规章作为请示的附件，一并报送。

（六）请示与报告的区别

请示与报告都是向上级单位反映情况、陈述意见的上行文，这是它们的共同点，在实际工作中较易混淆，甚至出现将两个文种合在一起写成“请示报告”的现象，这是不允许的。《党政机关公文处理工作条例》中明确了请示与报告的不同性质和作用，第十五条第（四）项还规定“不得在报告等非请示性公文中夹带请示事项”。

请示与报告的主要区别如下：

1. 目的作用不同

报告是汇报工作、反映情况、提出建议时使用的，旨在让上级了解情况，为上级部门决策提供依据。请示是请求上级指示、批准以解决问题时使用的。请示要求上级给予答复；而报告不一定非要上级答复，上级可以答复，也可以不答复。

2. 内容构成不同

报告是陈述性文体，其内容是汇报工作、反映情况或提出建议意见，不提请求事项。请示是请求性文体，其内容通常包括请示的缘由、请示事项及具体要求等，有时也以反映情况、陈述意见作为请示的理由和根据，以得到上级的理解和支持。简单来说，这两种文体的内容侧重点不同，请示着重于请求批准，报告着重于汇报工作。

3. 使用时间不同

报告一般是在事后或在事项进行中行文，是对之前工作的相关情况进行总结或回顾，是业已完成或即将完成的工作情况。请示则是在事前行文，是针对以后工作拟定事项向上级提出请求，不允许事后行文，不允许“先斩后奏”。简单来说，请示跟报告相比，时间要求更紧迫。请示写的是未解决的、将要发生的事；报告写的是已做过的、过去发生的事。

4. 撰写要求不同

请示要求一文一事，不能一文多事，且一般使用“红头文件”；而报告特别是综合报告可以一文多事，不强求一定使用“红头文件”。

5. 发送范围不同

请示发送的范围较小，只能主送一个上级单位，且不能抄送下发。而报告可以多头呈送，有的报告还可以同时抄送下发，以便于更多的人、更多的部门或单位了解情况。

6. 结尾形式不同

报告在结尾时可使用一些陈述性、谦恭的语言，如“专此报告”“特此报告”“以上报告，请收阅”等。而请示在结尾时则一般使用征询、祈求用语，如“以上请示可否，请批复”“当否，请批示”等。

二、任务演练

（一）编排请示各要素

拟定一份人力资源部请求上级批准干部任免的请示提纲，按照请示的基本要求将各项要素列出。

（二）请示的运用

某分公司人力资源部根据上级要求，制定了分公司招聘方案。为进一步提高招聘质量，需增加招聘经费预算，应该通过何种方式进行上报，请拟定相应文书。

（三）对以下请示案例进行分析

关于调整员工工资的请示

公司董事会：

现阶段，××公司员工工资偏低，已不适应企业发展的需求，为充分调动广大员工的工作积极性，特请求对我公司员工工资标准进行调整。

一、调整的原因

1. ××公司近五年来工资标准一直未动，五年前的工资标准远远低于目前的工资水平，已不能适应企业发展的需要。

2. 过低的工资标准严重影响到员工队伍的稳定发展。

二、调整的原则

1. 兼顾企业、员工二者利益的原则。

2. 充分体现人尽其才、按劳取酬的原则。

3. 优化设岗、以能定岗、以岗定责、以岗定薪的原则。

4. 便于操作和执行的原则。

三、调整的方法和标准

1. 经营管理人员以责任和职位定为六级。

一级：总经理。

二级：办公室主任、总经理助理。

三级：部门经理、副经理。

四级：项目经理。

五级：项目主管、行政主管。

六级：项目主办、行政助理。

2. 一线员工根据技能高低和思想表现定为三个岗档。

A. 核心岗档（占总人数的15%左右）：这部分员工是公司的核心技术骨干，全面掌握生产技术，工作认真负责，在员工中具有较高的影响力和号召力。

B. 骨干岗档（占总人数的30%左右）：这部分员工是主要技术骨干，熟练掌握岗位技能，能妥善处理工作中出现的常见问题，工作踏实认真，能带领一班人共同工作，完成工作任务。

C. 一般岗档（占总人数的55%左右）：这部分员工能够胜任本职工作，服从领导，能完成本职工作任务。

3. 以上各级别、岗档，据我们调查，我公司现执行的标准比××省社会平均工资标准普遍低10%左右、比本市社会平均工资标准普遍低20%。请公司予以平衡。

四、附则

1. 工龄工资：执行公司原工龄工资标准，记入本人月工资额。

2. 职称工资：通过自学等方法，取得国家承认专业技术职称的，按中级职称每人每月增资××元、高级职称每人每月增资××元计发。

3. 岗位变动：行政人员的提升和降职、岗位业绩考评后升岗和降岗、新进员工的转正定级，都按其实际岗位的变更，对其工资标准进行相应的变更。

4. 新员工上岗：试用期为3个月，试用期月工资标准为××元，试用期满按其进入实际岗位的相应工资标准执行。

5. 岗档评议：对员工的岗位档次每年进行一次集体评议，优胜劣汰，能上能下，充分激励广大员工的工作积极性。

特此请示，请批复！

人力资源部

20××年×月×日

这是一份请求批准的请示，请你对照这类文书的撰写要求分析它的优点和不足，并进行修改。

三、任务评价指标与标准

<table>
<tr><th colspan="2">评价内容</th><th>配分</th><th>评分标准</th><th>得分</th></tr>
<tr><td colspan="2">职业素养</td><td>10 分</td><td>诚实严谨，遵守纪律，独立完成任务；方法得当，思路清晰；能在规定时间完成任务，体现职业素养</td><td></td></tr>
<tr><td rowspan="4">工作任务</td><td>语言表达</td><td>15 分</td><td>语言简洁，不烦冗，不说套话、空话；符合相关文种的风格要求，能正确表达意图，无歧义、病句、错句</td><td></td></tr>
<tr><td>文种选择</td><td>10 分</td><td>能依据工作要求正确选择相应文种，依据该文种要求拟定写作计划</td><td></td></tr>
<tr><td>文书各要素的编制</td><td>30 分</td><td>文书各要素齐全，基本架构符合文种要求；各要素编制版面分布规范、合理</td><td></td></tr>
<tr><td>内容及结构安排</td><td>35 分</td><td>选择有效的数据材料，突出中心；结构合理，条理清晰，逻辑严密</td><td></td></tr>
<tr><td colspan="2">合计</td><td colspan="2">100 分</td><td></td></tr>
</table>

四、学习与运用

1. 问答题

请示只能是国家党政机关才有权使用吗？为什么？

2. 选择题

下列哪些语句可以作为请示的结尾语（　　）。

A. 以上请示可否，请批复

B. 特此请示，望予答复

C. 以上请示，请审阅

D. 当否，请批示

3. 判断题

请示写作只能一文一事，不能一文多事。（　　）

项目五

人力资源管理常用行政公文类文书（平行文）

【项目说明】

本项目主要对人力资源管理工作中常用的行政平行公文——函的概念、种类、适用范围和作用等进行介绍；结合实例，学习和掌握函的结构和函的写法。

【项目导入】

一、主题案例

（一）培训邀请函

尊敬的××公司：

为切实提高有关技术人员使用机械手的技能，我公司决定开展以操作机械手、机械手治具制作和机械手日常保养为主要内容的专题培训，培训时间为5天（2020年6月8日至6月12日），培训地点为××市××学校。

为此，我们真诚邀请贵公司派遣员工参加培训，以达到增强员工安全生产意识、提升机械手操作技能、提高生产效率的目的。

此函。请予以支持为盼。

××培训公司

2020年5月20日

（二）招聘复函

张××先生：

您好！非常感谢您应聘我公司！经过慎重的比较和考虑，我公司暂时无法给您提供合适的职位。我们对此非常惋惜，但这并不意味着您不是一名出色的人才，也不意味着今后不存在录用您的可能。我们会将您的资料输入公司人才储备库，若有适当机会，我们将给予优先考虑。

由衷希望您能继续关注我公司！

祝事业顺利！

××公司人力资源部

2020年9月20日

二、学习目标

1. 建立对函的基本认知，了解函的概念、种类、适用范围和作用。
2. 了解函的结构和写作要求。
3. 掌握各种函的写法。

任务一　了解函的基本知识

一、知识准备

（一）函的概念

函是不相隶属单位之间相互商洽工作、询问和答复问题，或者向有关主管部门请求批准事项时所使用的公文。

从广义上讲，函就是信件，是人们传递和交流信息的一种常用的书面形式。但是作为公文文种的函，已经远远地超出了一般书信的范畴，不仅用途更为广泛，最重要的是赋予了其法定效力。《党政机关公文处理工作条例》中规定，函适用于不相隶属机关之间商洽工作、询问和答复问题、请求批准和答复审批事项。这说明，没有直属上下级隶属关系的单位之间商洽工作、询问和答复问题，以及请求批准和答复审批事项，都可以用“函”。

（二）函的种类

1. 按行文方向分

按行文方向，可以分为发函和复函。发函也称去函、问函，是本单位主动向对方去函；回复对方来函称为复函，是指回复询问或批准事项等的函。

2. 按函的性质分

按函的性质，可以分为公函和便函。公函用于单位正式的公务活动往来；便函则用于日常事务性工作的处理。便函不属于正式公文，没有公文格式要求，甚至可以不要标题，不用文号，只需要在尾部署上单位名称、成文时间并加盖公章即可。事实上，公函与便函只是内容重要程度以及公文格式上的区别，写法上几乎没有差异。

3. 按内容和用途分

按内容和用途，可以分为商洽函、答询函、请批函、告知函等。商洽函用于不相隶属单位之间商洽工作；答询函用于不相隶属单位之间相互询问或答复问题；请批函用于向有关部门请求批准事项；告知函也称通报函，用于将某一活动或情况告知对方，不需对方回复。

（三）函的适用范围

函作为公文中唯一的一种平行文，其适用范围比较广泛。在发文主体上，函是任何法定组织的任何级别的单位、部门都可以使用的公文，涉及公务活动各方面的联系事宜；在行文方向上，不仅可以在平行单位、部门之间行文，而且可以在不相隶属的单位、部门之间行文，其中包括上级单位或者下级单位行文；在适用的内容方面，它除了主要用于不相隶属单位相互商洽工作、询问和答复问题外，也可以向有关主管部门请求批准事项，向上级单位询问具体事项，还可以用于上级单位答复下级单位的询问或请求批准事项，以及上级单位催办下级单位有关事宜，如要求下级单位报送报表、材料、统计数字等。

（四）函的作用

1. 相互商洽工作

函是一种典型的平行文，相互之间没有隶属关系的单位在商洽、协调工作，了解有关情况，寻求互相支持，进行交流往来时，经常使用这种公文，如调动干部，联系参观、学习，联系业务，邀请参观指导等。

2. 询问和答复问题

不相隶属单位之间要求办理或咨询一般业务上的疑难事项，也可以采用函的形式。如某市民政局向民政部询问“关于机关离休干部病故抚恤问题”以及民政部对此问题的答复，都可用“函”的形式。

3. 向有关主管部门请求批准

向没有隶属关系的业务主管部门请求批准有关事项可以采用函的形式。反之，业务主管部门也可以用函的形式审批或者答复没有隶属关系的单位请求批准的事项。

二、任务演练

（一）掌握函的概念和作用等要点

能够熟练说出函的概念和作用，并能正确理解。

（二）快速区分函的种类

根据所给资料，能够快速区分是哪一种类的函，并详细说明其运用场景。

（三）了解函的适用范围

根据不同的情景，能够快速判断是否可使用“函”。

三、任务评价指标与标准

评价内容		配分	评分标准	得分
职业素养		10分	诚实严谨，遵守纪律，独立完成任务；方法得当，思路清晰；能在规定时间完成任务，体现职业素养	
工作任务	语言表达	25分	语言简洁，不烦冗，不说套话、空话；能正确表达意图，无歧义、病句、错句	
	内容准确性	25分	对于函的概念和作用，能够准确表述，不出错误	
	文种选择	20分	能依据工作要求正确选择相应文种	
	判断准确性	20分	根据不同的情景，能够快速判断是否可使用“函”	
合计		100分		

四、学习与运用

1. 选择题（多项）

（1）按函的性质，可以分为（　　）。

A. 发函　B. 复函　C. 公函　D. 便函　E. 商洽函

（2）函的适用范围包括（　　）。

A. 任何法定组织的任何级别的单位、部门都可以使用

B. 不仅可以在平行单位之间行文，而且可以在不相隶属的单位之间行文

C. 函可以用于向有关主管部门请求批准事项，向上级单位询问具体事项

D. 函可以用于上级单位答复下级单位的询问或请求批准事项

E. 函可以用于上级单位催办下级单位有关事宜

2. 判断题

（1）函是隶属单位之间相互商洽工作、询问和答复问题，或者向有关主管部门请求批准事项时所使用的公文。（　　）

（2）函是任何法定组织的任何级别的单位、部门都可以使用的公文。（　　）

3. 问答题

运用实例说明函的作用。

任务二　掌握函的写作要求

一、知识准备

（一）函的结构

函一般由首部、正文和尾部三部分组成。

1. 首部

函的首部主要包括标题、主送单位两项内容。

（1）标题

函的标题一般有两种形式：一种由发文单位名称、事由和文种构成，另一种由事

由和文种构成。

一般发函为《(发文单位) 关于××（事由）的函》，复函为《(发文单位) 关于××（答复事项）的复函》。

需要说明的是，机关正式的函，无论是发函还是复函，都应标注发文字号。写法同一般公文发文字号，一般需加一个“函”字。

（2）主送单位

主送单位即受文并办理来函事项的单位，于文首顶格写明全称或者规范化简称，其后用冒号。原则上只有一个主送单位。复函的主送单位即来函单位。

2. 正文

函的正文一般由开头、主体、结语三部分组成。

（1）开头

开头主要说明发函的缘由，一般要求概括交代发函的目的、根据、原因等内容，然后用“现将有关问题说明如下”或“现将有关事项函复如下”等过渡语转入下文。复函的缘由部分，一般首先引叙来文的标题、发文字号，然后再交代根据，以说明发文的缘由。

（2）主体

主体是函的核心内容部分，主要说明致函事项。函的事项部分内容单一，一函一事，行文要直陈其事。无论是商洽工作、询问和答复问题，还是向有关主管部门请求批准事项等，都要用简洁得体的语言把需要告诉对方的问题、意见写清楚。如果属于复函，还要注意答复事项的针对性和明确性。

（3）结语

结语一般用礼貌性语言向对方提出希望。通常应根据函询、函告、函商或函复的事项，选择运用不同的结束语。或请对方协助解决某一问题，或请对方及时复函，或请对方提出意见或请主管部门批准等。结语如去函用“……为要”“……为盼”“……为感”“……为荷”“特此函询”，复函用“特此函复”“此复”等。也可不写结语，正文写完即结束。

3. 尾部

尾部一般包括署名和成文时间两项内容。署名为单位名称，成文时间写明年、月、日，并加盖公章。

（二）函的写作要求

函的写作，首先要注意行文简洁明确，用语把握分寸。无论是平行单位或者不相隶属单位的行文，都要注意语气平和有礼，不要强人所难，也不必曲意客套。至于复函，则要注意行文的针对性和答复的明确性。其次要注意函的时效性问题，特别是复函更应该迅速、及时。具体还要注意以下几点：

1. 要严格按照格式写作

在撰写函这一文体时，要严格按照格式的要求，将函的结构完整展示出来，包括开头、主体、结语三个部分，每个部分要按照标准进行合理布局。

2. 内容单一，主旨集中，一函一事

要紧紧围绕函中所提出的问题和事项来写，一般来说，一个函件以讲清一个问题或一件事情为宜。

3. 用语适宜，开门见山

在用语表达方面，函的措辞要掌握分寸，语言要简洁得体，语气要坦诚谦和，要摒弃套话空话。对上级单位应该尊重，对下级单位应该谦逊，对平级单位或不相隶属单位应以礼相待。

二、任务演练

（一）掌握并牢记函的结构

请正确指出以下案例中“函”的首部（标题、主送单位）、正文（开头、主体、结语）、尾部（署名、成文时间）。

××公司关于新增派遣员工的函

×××劳务派遣公司：

本公司有新入职人员刘××，身份证号为××××，按照每月 2 700 元工资标准为基数缴纳“五险一金”，劳动合同起算日期为 2019 年 6 月 1 日，无试用期，请给予办理相关入职手续。

特此函告。

××公司

2020 年 4 月 1 日

（二）根据不同场景和要求正确撰写函

场景一：某培训公司将举办一场关于中层管理者的培训，目的是为了增强企业中层管理者的管理能力。为期 5 天，培训主题为有效沟通、善于激励，培训费用为 1 500 元/人，包食宿。培训地点为湖南省长沙市××培训基地。现邀请××服装公司派遣员工参加该项培训。请你代某培训公司拟写一份培训邀请函。

场景二：依据某培训公司的培训邀请函，××服装公司经过讨论，同意派遣 5 名中层管理人员参加培训。请你代××服装公司拟写一份复函。

三、任务评价指标与标准

评价内容		配分	评分标准	得分
职业素养		10 分	诚实严谨，遵守纪律，独立完成任务；方法得当，思路清晰；能在规定时间完成任务，体现职业素养	
工作任务	语言表达	20 分	语言简洁，不烦冗，不说套话、空话；能正确表达意图，无歧义、病句、错句	
	文种选择	20 分	能依据工作要求正确选择相应文种，依据该文种要求拟定写作计划	
	函的写作	30 分	各要素齐全，基本架构符合函的要求；写作版面分布规范、合理	
	内容及结构安排	20 分	选择有效的数据材料，突出中心；结构合理，条理清晰，逻辑严密	
合计		100 分		

四、学习与运用

1. 选择题（多项）

（1）“函”的正文部分，一般包括（　　）。

A. 首部　　B. 开头　　C. 主体　　D. 结尾　　E. 结语

（2）“函”的尾部包括（　　）。

A. 结尾　　B. 结语　　C. 署名　　D. 成文时间　　E. 主体

2. 判断题

（1）在撰写函时，无论是平行单位或者不相隶属单位的行文，都要注意语气平和有礼，不要强人所难，也不必曲意客套。（　　）

（2）要严格按照格式写函，首部的标题、发文字号、主送单位都不可少。（　　）

3. 实操题

（1）某单位工作组赴××大学开展校园招聘及相关工作，请对方接洽，请你代某单位向××大学拟写一份函。

（2）以××大学的名义写一份同意该请求的答复函。

项目六

人力资源管理通用事务文书

【项目说明】

本项目主要对人力资源管理计划类、总结类和规章制度类文书写作进行阐述与说明；结合实例，学习和掌握上述几类文书的撰写要求，提升人力资源管理计划类、总结类和规章制度类文书写作能力。

【项目导入】

一、主题案例

撰写招聘计划

T公司在年发行量超过80万份的某报纸上刊登了一则广告："招聘市场部经理一名，年薪50万元"。当地的其他几个新闻媒体也纷纷在显要位置发布了这则广告。广告的主要内容包括市场部经理的任职资格和岗位职责等。

市场部经理任职资格：

1. 大专及以上学历，28周岁以上，品行端正，积极乐观；
2. 具有五年以上北京地区服装品牌连锁行业市场开发实践经验。

市场部经理岗位职责：

1. 开业前期的市场调研与市场开发；
2. 负责市场团队管理、市场部业务流程及相关制度的制定与完善。

广告发布后不久，在规定报名的短短4天时间里，有108名符合招聘条件的应聘者留下了应聘材料。总经理孙晓忠仔细阅读了每份应聘材料后，设法与这些应聘者逐一见面，当场考核。经过初次面试，大约有50名应聘者入围。因招聘的是全国市场部经理，T公司请入围者与各地区市场部经理切磋交流，遴选出10名候选人，让他们组成考察团，赴北京、上海、武汉、杭州等地进行实地考察，并递交一份全国市场工作总体计划，经各地区市场部经理及专家组综合审查，选出了3名最佳候选人。

请为T公司撰写一份招聘计划。

二、学习目标

1. 掌握计划类文书的撰写要求。
2. 掌握总结类文书的撰写要求。
3. 掌握规章制度类文书的拟定要求。

任务一　撰写计划类文书

一、知识准备

（一）计划的内涵及撰写要求

1. 计划的内涵和分类

计划是党政机关、社会团体、企事业单位和个人，为实现某项目标和完成某项任务而事先做的安排和打算。计划的分类见表6-1。

表6-1　计划的分类

分类的角度	计划的种类
按性质划分	综合计划、专题计划
按内容划分	工作计划、生产计划、学习计划、科研计划、军事计划等
按时间划分	长期规划、中期计划、短期计划、年度计划、季度计划、月计划
按范围划分	国家计划、部门计划、单位计划、个人计划等
按表达形式划分	条文式计划、表格式计划、文表结合式计划

2. 计划的撰写要求

（1）计划的要素构成

计划大体分为标题、正文、结尾三部分。

1）标题。由单位名称、适用时期、内容和文种构成。

2）正文。由前言和计划事项构成。

①前言要简明扼要地说明制订计划的目的或依据，提出工作的总任务或总目标。前言常用“为此，今年（或某一时期）要抓好以下几项工作”作结，并领起下述的计划事项。

②计划事项是总的计划下面的各个分计划项目。这部分一般要分项来写，有时大的项目下有小的项目，大的项目是一个大的方面要做的工作，小的项目是在大的方面要做的每一项工作。

3）结尾。或突出重点，或强调有关事项，或提出简短号召，也可不写结尾。

（2）计划的具体格式

1）计划的名称。一般包括订立计划单位或团体的名称和计划期限两个要素，如“××印刷厂____年度招聘计划”。

2）计划的具体要求。一般包括工作的目的和要求、工作的项目和指标、实施的步骤和措施等，也就是为什么做、做什么、怎么做、做到什么程度。

3）最后写订立计划的日期。

（3）计划的内容

1）情况分析（为什么做，也是制订计划的根据）。制订计划前，要分析研究工作现状，充分了解下一步工作是在什么基础上进行的，是依据什么来制订这个计划的。

2）工作任务和要求（做什么）。根据需要与可能，规定出一定时期内所应完成的任务和应达到的工作指标。

3）工作的方法、步骤和措施（怎样做）。在明确了工作任务以后，还需要根据主客观条件，确定工作的方法和步骤，采取必要的措施，以保证工作任务的完成。

（4）制订计划的步骤

1）认真学习研究上级的有关指示办法，领会精神。

2）认真分析本单位的具体情况，这是制订计划的根据和基础。

3）根据上级的指示精神和本单位的现实情况，确定工作方针、工作任务、工作要求，再据此确定工作的具体办法、措施和步骤。

4）根据工作中可能出现的偏差、障碍、困难，确定克服的办法和措施，以免发生问题时工作陷于被动。

5）根据工作任务的需要，组织并分配力量，明确分工。

6）计划草案制订后，应交全体人员讨论。计划是靠群众来完成的，只有正确反映群众的要求，才能成为大家自觉为之奋斗的目标。

7）在实践中进一步修订、补充和完善计划。计划一经制订出来，并经正式通过或批准以后，就要坚决贯彻执行。在执行过程中，往往需要继续加以补充、修订，使其更加完善，切合实际。

（二）规划的内涵及撰写要求

1. 规划的内涵

规划是计划中最宏大的一种。从时间上说，一般都要在三五年以上；从范围上说，大都是全局性工作或涉及面较广的重要工作项目；从内容和写法上说，往往是粗线条的，比较概括，如《××省经济和社会发展十年规划》《××省工业结构调整规划》等。规划是为了对全局或长远工作作出统筹部署，以便明确方向，激发干劲，鼓舞斗志。相对其他计划类公文而言，规划具有方向性、战略性、指导性，因而其内容往往要更具有严肃性、科学性和可行性。这就要求撰写者必须首先进行深入的调查和周密的测算，在掌握大量可靠资料、数据的基础上，根据党、国家和具体单位的发展方针确定发展愿景和总体目标，然后充分吸收有关意见，以科学的态度，反复进行多种方案的比较、研究和选择，确定各项指标和措施。

2. 规划的撰写要求

规划因具有严肃性，所以一般都是通过“指示性通知”来转发的，其格式都由标题和正文两部分组成，一般不必再落款，也不用写成文时间。规划的标题是四要素写法，即单位名称+时间期限+内容范围+规划，如《××省“十二五”经济发展规划》。规划的正文一般都比较长，大致有以下四方面内容。

（1）前言

前言即有关的背景材料，也就是制定规划的起因和缘由。这是制定规划的依据，因此不能简单地罗列事实，而应把诸多有关情况经过认真综合、分析，找出其有利因素和不利因素。这样才会使人相信下面所提的规划目标言之有据，有可靠性。

（2）指导方针和目标要求

这是规划的纲领和原则，是在前言的基础上提出的，因此既要写得鼓舞人心，又要写得坚定有力，要用精练的语言概要地阐述出来。

（3）主要任务和政策、措施

这是规划的主体和核心，是解决“做什么”和“怎样做”的问题，因此任务要提得明确，措施要提得可行、有力。这部分写作通常有两种结构：对于全面规划或任务项目较多的规划，因其各项任务比较独立，没有多少共同的完成措施，一般采用以任务为主线的“并列式结构”（措施都在各自的任务之后分别提出）；对于专题规划或任务较单一的规划，因其任务项目较少而项目之间的联系又较大，一般采用任务、措施分开的“分列式结构”。

（4）结尾

结尾即远景展望和号召。这部分要写得简短、有力，富有号召力。

（三）方案的内涵及撰写要求

1. 方案的内涵和分类

方案是对工作进行的更具体的计划安排，其内容涉及各个方面，从而也带来了方案类别的多样性。按方案的内容分，有工作方案、生产方案、学习方案、科研方案、行动方案等。按方案的适用范围分，有党的机关的方案、行政机关的方案，有上级机关的方案、本级机关的方案和下级机关的方案等。按方案实施后的状态分，有相对静止的方案和动态的方案。静止的方案是指方案实施之后，必须按方案的要求保持稳定状态，在领导机关未改变方案的决策之前，不得改变，如机构设置的方案等；动态的方案是指方案实施之后，其状态将随着社会的发展和时间的推移而改变，方案的实施加速状态的改变，如集中行动方案和活动方案等。因方案的内容、性质不同，方案的写作方法也不尽相同。

2. 方案的撰写要求

方案一般由标题、正文两部分组成，有的方案还有附件。一般情况下，方案制定后用“通知”发布。因此，在方案的标题之下不需要标注成文日期。如果是批转下级单位制定的方案或受权转发其他单位制定的方案，则在标题之下加圆括号居中标注制定方案的单位和成文日期。

（1）标题

方案的标题一般由方案的适用范围、方案的主题和文种（方案）组成，如××市机构改革方案、××省整顿经济秩序实施方案。

（2）正文

方案的正文由开头、主体两个部分组成。开头部分撰写制定方案的目的、依据等，然后用“特制定以下方案”或“制定以下实施方案”承上启下。主体部分是方案的核心及基本内容。不同的方案有不同的内容及结构形式。常见的方案及结构形式有以下三种：

1）改革方案。改革方案包括宏观的和微观的两大类。如宏观的机构改革方案是对全局的机构改革作出全面部署，包括机构改革的指导思想和原则、职责及职责划分的原则、机构设置及其职责、领导职数和人员编制确定的原则等，并附机构设置一览表。微观的机构改革方案是指具体单位的机构改革方案，包括制定机构改革方案的依据、单位职责、机构设置及其职责、人员编制数、领导职数等。

2）工作方案。工作方案一般包括指导思想、目标任务、实施步骤和措施要求等内容。有的工作方案可省略指导思想，但目标任务、实施步骤、措施要求则一个也不能少，必要时还可附上图表等附件。

3）科研方案。科研方案其实算是工作方案的一种，但又有别于一般的工作方案。科研方案除了包括目标任务、实施步骤、措施要求外，还常常附有目标树。目标树，是指把科研任务比作一棵树，以树干为总目标，以树枝为具体目标，整个科研方案及进展情况可在目标树上表现出来，一目了然。

二、任务演练

（一）撰写招聘计划

1. 招聘计划撰写要求

企业招聘计划是企业对聘用新员工的程序、时间、要求等作出安排的文书。企业招聘计划通常是企业人力资源管理部门在招聘员工时向企业主管领导提交的书面报告，其中的部分内容也要向社会公布，便于应聘人员了解企业录用员工的要求。

撰写企业招聘计划的基本要求是：

（1）要对拟聘的岗位和条件作出充分说明，便于应聘人员选择是否应聘。特别是聘用条件，应当尽量详细具体。例如，有的岗位可能适合于女性，有的可能适合于男性，应当在聘用条件中列明，要具有可操作性。但需要特别注意，聘用条件必须符合国家有关规定，不能出现歧视问题。

（2）时间安排既要考虑到有利于企业的运作，也要考虑到有利于应聘人员应聘。

（3）通常要选择与招聘录用的岗位相关的部门参与招聘甄选工作。哪个部门需要人，则应由哪个部门作为主要负责人，审核应聘人员的相关资料，参与笔试、面试。

2. 对以下招聘计划案例进行分析

CC公司招聘计划

一、招聘目标（人员需求）

职位名称	人数	其他要求
人事专员	1	人力资源管理及相关专业专科及以上学历，30岁以下

二、信息发布时间和渠道

光明日报	10月8日—10月22日
智联招聘网站	10月8日—10月22日

三、招聘小组成员名单

组长：××（人力资源部经理），对招聘活动全面负责。

成员：××（人力资源部薪酬专员），具体负责应聘者接待和应聘资料整理。

××（人力资源部招聘专员），具体负责招聘信息发布和面试、笔试安排。

四、选拔方案及时间安排

资料筛选	人力资源部招聘专员	截止到10月30日
初试（笔试）	人力资源部招聘专员	11月1日
复试（面试）	人力资源部经理	11月8日

五、新员工的上岗时间

预计在12月1日左右。

六、招聘费用预算

光明日报广告刊登费用	2 000元
智联招聘网站信息刊登费用	800元
合计	2 800元

七、招聘工作时间表

9月25日—9月26日：起草招聘广告。

9月27日—9月28日：设计招聘广告版面。

9月29日—9月30日：与报社、网站联系。

10月8日—10月22日：报纸、网站刊登广告。

10月23日—10月30日：接待应聘者，整理应聘资料，对资料进行筛选。

11月1日：通知应聘者参加初试（笔试）。

11月8日：进行复试（面试）。

11月15日：对通过复试的人员通知录用。

12月1日：新员工上班。

CC公司人力资源部

2019年6月2日

请你分析这份招聘计划的优点和不足，并进行修改。

（二）撰写员工职业发展规划

1. 员工职业发展规划撰写要求

薪酬和职业发展是两种最主要的员工激励手段。越来越多的国有和民营企业开始通过设计薪酬体系来进行员工激励，但少有企业将员工职业发展作为一种激励手段给予足够的重视。依据马斯洛的需要层次理论，物质需要是人类较低层次的需要，而自我实现才是人的最高层次的需要。职业发展属于满足人的自我实现需要的范畴，因而会产生更大的激励作用。

企业在建立和完善员工职业发展体系上应遵循以下原则。

第一，除了晋升之外，企业也应采用工作轮换等其他职业发展方式。毫无疑问，晋升是职业发展中对员工最有效的激励方式。但事实上职业发展还包括工作轮换、赋予更多责任等其他多种方式。工作轮换是指在公司几种不同的职能领域或在某个单一的职能领域为员工作出一系列的工作任务安排。工作轮换可以有效增加员工的接触面，使员工达到学习新的岗位知识和技能的目的，同样受到员工的欢迎，可以起到激励作用。赋予员工更多责任是指给予员工更多的管理或业务责任，这样也可以达到提高员工技能水平的目的。

第二，对员工进行职业发展规划时，除以个人工作业绩为基础外，还应综合考虑员工的技能和职业素养。以工作业绩作为晋升的唯一依据，很可能作出不恰当的晋升决定。不同级别有着不同的技能要求。员工提升时，如果只考虑员工因业务技能而获得的业绩表现，而不考虑其管理技能，往往会出现优秀的业务人员不适合管理职位要求，从而给公司造成损失的问题，员工个人也会因不适应新的岗位而被淘汰。

第三，运用适中的节奏规划员工的职业发展。很多企业在员工晋升的速度上不够合理。一种情况是快节奏晋升，快节奏晋升的后果是员工到达职业顶端后，会因不再有发展空间而失去工作积极性甚至离开公司；另一种情况是慢节奏晋升，其问题是员工得不到职业发展上的有效激励，也不能学到其他岗位的知识。正确的做法是采取一种适中的晋升节奏，表现为对新入职的员工有计划地安排其走向上一级的岗位，合理安排每次晋升的时间段，如每2~4年有一次晋升机会。适中的节奏能不断激励员工，提高其岗位的认知价值，使其有充分的时间学习下一个岗位的技能。

第四，对不同年龄段的员工采用不同的职业发展策略。处于不同年龄段的员工会有不同的职业发展需求，因而公司需要采用不同的职业发展策略。人的职业发展阶段一般是这样的：第一阶段为探索阶段。第二阶段为尝试阶段，主要针对25~30岁的员工。处于尝试阶段的人会判断当前选择的职业是否适合自己，如果不适合，就会进行相应的调整；对该阶段的员工，职业发展的重点在于给予职业发展规划的指导，对不适合岗位的员工给予工作轮换。第三阶段为确立阶段，主要针对30~45岁的员工。对该阶段的员工，职业发展的重点是给予晋升，赋予更多的责任或给予特殊任职。第四阶段为稳定阶段，主要针对45岁以上的员工。

第五，在公司职位发生空缺时，优先考虑内部晋升。很多企业在职位发生空缺时会首先想到外部招聘，而忽略了企业内部的人力资源。外部招聘的主要缺点是会打击企业内部业绩好但没有给予晋升机会的员工。另外，外部招聘会由于新员工要花较长时间熟悉工作环境进行角色转换而导致较高的成本。反之，当职位发生空缺时，优先考虑内部晋升或轮换能够激励被晋升的员工，并让其他员工看到希望；同时内部的员工熟悉本公司文化，容易迅速适应新的工作岗位。

总之，职业发展规划是一种重要的员工激励手段。以上的这些原则可以帮助企业建立起科学高效的员工职业发展规划体系；这些原则也是撰写员工职业发展规划需要考虑和遵循的。

2. 对以下员工职业发展规划案例进行分析

××公司员工职业发展规划

一、目的

为有效开发与合理利用公司人力资源，发挥员工专业特长，促进公司与员工共同发展，增强公司竞争力，现作出员工职业发展规划如下。

二、分工及职责

1. 人力资源部负责制度设计和组织协调，其主要职责是：

（1）制定公司员工职业发展规划与管理实施办法，明确职位分类、职位要求、发展方向、晋升条件等，并组织实施；

（2）建立员工素质评价制度，为评价员工职业发展能力提供依据；

（3）建立与职业发展规划和管理相匹配的员工培训体系，并组织实施培训；

（4）监督、指导各部门员工职业发展规划与管理工作。

2. 各用人部门具体落实职业发展规划，其主要职责是：

（1）明确本部门人力资源需求，为员工提供可行的发展方向；

（2）编制本部门各岗位的员工职责要求，对员工的知识、能力、绩效等进行综合评估，填写员工培训计划申请；

（3）为员工提供培训教育机会，对员工的职业发展进行监督、指导和调整。

三、职业分类

根据工作性质和工作内容的差异，将公司各工作岗位划分为技术、管理、技能三大职业类别。

技术类：从事产品开发设计，主要包括工程师、工艺技术、设备技术、CNC 编程等岗位。

管理类：在企业生产经营活动中履行各项管理职能，主要包括生产管理、财务管理、人力资源管理、采购管理、仓储管理等岗位。

技能类：从事产品生产制造，包括直接生产岗位和辅助生产岗位，如焊工、组装、开料等岗位。

四、职业发展方向

1. 纵向职业发展方向

在公司内部，依据岗位的任职要求、工资待遇等因素，将岗位区分为不同的等级，并形成由低到高的职位序列，员工沿着这种职位序列逐步晋升。

纵向职业发展方向遵循逐级晋升的原则，不允许越级晋升。

2. 横向职业发展方向

横向职业发展即职业转换，是指员工在满足岗位任职要求、具备相关专业知识的条件下，可以在不同的职业类别之间进行转换。

（1）技术类

1）员工可以在各类技术职位间以及技术管理职位间转换。

2）鼓励技术类员工转换职业进入其他类别的职业发展通道。

3）工程师及以下职位的人员可以进入管理类职业发展通道。

（2）管理类

员工通过在各类管理职位间的轮岗、交流实现横向职业发展。

（3）技能类

1）员工通过多技能发展实现横向职业发展。

2）技工以上可担任车间技术员，进入生产管理职业发展通道。

3）技术员可以进入工程师职位。

五、职业培训

1. 入职培训

新员工进公司后进行的基础教育和上岗培训，由人力资源部和各职能部门、相关用人部门集中组织。

2. 转岗培训

在员工转换工作岗位和职业（工种）前组织的培训，以岗位工作技能以及有关工作制度、工作程序等为主要内容，由用人部门组织。

××公司

2019 年 12 月 1 日

请你分析这份员工职业发展规划存在的问题，并进行修改。

（三）设计培训方案

1. 培训方案设计要求

（1）培训方案设计的内容

培训方案的设计主要包括培训需求分析、组成要素分析、培训方案的评估及完善三个部分。

（2）设计培训方案的步骤

第一步：培训需求分析

培训需求分析需要从企业、工作、个人三个方面进行。首先，要进行企业分析，确定企业范围内的培训需求，以保证培训方案符合企业的整体目标和战略要求。其次，要进行工作分析，分析员工取得理想的工作绩效所必须掌握的知识和技能。最后，要进行个人分析，将员工现有的水平与预期未来对员工技能的要求进行比照，看两者之间是否存在差距，当技能不能满足工作需要时，就要进行培训。

第二步：组成要素分析

培训方案是培训目标、培训内容、培训资源、培训对象、培训日期、培训方法以及培训场所和设备的有机结合。在培训需求分析的基础上，要对培训方案的各组成要素进行具体分析。

1）培训目标的确定。确定培训目标会给培训方案提供明确的方向。有了培训目标，才能确定培训对象、内容、时间、教师、方法等具体内容，并在培训之后对照此目标进行效果评估。确定了总体培训目标，再把培训目标进行细化，就形成了各层次的具体目标。目标越具体越具有可操作性，越有利于总体目标的实现。

2）培训内容的选择。一般来说，培训内容包括三个层次，即知识培训、技能培训和素质培训。

知识培训是企业培训的第一个层次。员工听一次讲座或者看一本书，就可能获得相应的知识。知识培训有利于理解概念，增强对新环境的适应能力。技能培训是企业培训的第二个层次。招进新员工、采用新设备、引进新技术等都要求进行技能培训，因为抽象的知识培训不可能立即适应具体的操作。素质培训是企业培训的最高层次。素质高的员工即使在短期内缺乏知识和技能，也会为实现目标有效、主动地进行学习。

究竟选择哪个层次的培训内容，是由不同受训者的具体情况决定的。一般来说，管理者偏向于知识培训和素质培训，一般员工偏向于知识培训和技能培训。

3）培训资源的确定。培训资源可分为内部资源和外部资源。内部资源包括企业的领导、具备特殊知识和技能的员工，外部资源是指专业培训人员、公开研讨会或学术讲座等。外部资源和内部资源各有优缺点，应根据培训需求分析和培训内容来确定。

4）培训对象的确定。根据培训需求、培训内容，可以确定培训对象。岗前培训是向新员工介绍企业规章制度、企业文化、岗位职责等内容，使其迅速适应环境。对于即将转换工作岗位的员工或者不能适应当前岗位的员工，可以进行在岗培训或脱产培训。

5）培训日期的选择。通常情况下，有下列四种情形之一时就需要进行培训：新员工加盟企业，员工即将晋升或岗位轮换，环境和技术、设备改变，企业发展的需要。

6）培训方法的选择。企业培训的方法有很多种，如讲授法、演示法、案例分析法、讨论法、视听法、角色扮演法等。各种培训方法都有其自身的优缺点。为了提高培训质量，达到培训目的，往往需要将各种方法配合起来灵活运用。

7）培训场所和设备的选择。培训场所包括教室、会议室、工作现场等。若以技能培训为主要内容，最适宜的场所为工作现场，由于培训内容的具体性，许多工作设备是无法放入教室或会议室的。培训设备包括教材、模型、幻灯机等。不同的培训内容和培训方法最终决定不同的培训场所和设备。

第三步：培训方案的评估及完善

从培训需求分析开始到最后制定出一个完整的培训方案，并不意味着培训方案的设计工作已经完成，还需要不断评估、修改。只有不断评估、修改，才能使培训方案逐渐完善。培训方案的评估及完善要从以下三个角度来考察。

一是从培训方案本身的角度来考察，看方案的各个组成要素是否合理，各要素前后是否协调一致；看培训对象是否对此培训感兴趣，培训对象的需要是否得到满足；看以此方案进行培训，传授的信息是否能被培训对象吸收。

二是从培训对象的角度来考察，看培训对象培训前后行为的改变是否与所期望的一致，如果不一致，则找出原因，“对症下药”。

三是从培训实际效果的角度来考察，即分析培训的成本收益比。培训的成本包括培训需求分析费用、培训方案设计费用、培训方案实施费用等。若成本高于收益，则说明此方案不可行，应找出原因，设计更优的方案。

2. 对以下培训方案案例进行分析

××集团公司新员工培训方案

一、培训程序

1. 大学生或合同工人数多且文化层次、年龄结构相对集中时，由集团职工培训学校与用人单位共同培训，共同考核（不定期）。

2. 人数较少且分散时，由用人单位负责培训，培训结果以单位和员工书面表格确认为证，集团职工培训学校负责抽查。

二、培训目的

1. 让新员工了解集团公司概况、规章制度、组织结构，使其更快适应工作环境。

2. 让新员工熟悉新岗位职责、工作流程、与工作相关的安全和卫生知识以及服务行业应具备的基本素质。

三、培训内容

1. 各公司岗前培训——各公司准备培训材料

对新员工表示欢迎；针对各公司特点、组织结构、工作性质，各公司安排专人讲解；指定新员工工作部门的经理或组长作为新员工的辅导老师，解答新员工提出的问题。

2. 部门岗位培训——新员工实际工作部门负责

介绍新员工认识本部门员工；参观工作部门；介绍部门环境与工作内容，以及部门内的特殊规定；讲解新员工岗位职责要求、工作流程、工作待遇，指定一名老职工带教新员工；一周内，部门负责人与新员工交换意见，重申工作职责，指出新员工工作中出现的问题，回答新员工的提问；对新员工一周的表现进行评估，给新员工下一步工作提出具体要求。

3. 集团整体培训——集团职工培训学校负责（不定期）

介绍集团历史与发展前景、集团企业文化与经营理念、集团组织结构及主要领导；介绍集团各部门职能，主要服务对象、服务内容、服务质量标准等；介绍集团有关福利政策和规章制度，以及员工合理化建议采纳的渠道；解答新员工提出的问题。

四、培训反馈与考核

1. 各公司制作的培训教材须经过集团职工培训学校的审核，并交集团职工培训学校存档，所进行的公司或部门培训应在集团职工培训学校指导下进行。各公司每培训一批新员工都必须填写一套“新员工培训”表格。

2. 培训实施过程应认真严格，保证质量，所有培训资料应注意保存，并在实施过程中不断修改、完善。

3. 培训结果经集团职工培训学校抽查合格后，统一发放培训结业证书；集团职工培训学校对各公司新员工培训情况每学期给各公司总结反馈一次。

五、新员工培训实施

1. 召集各公司负责培训人员，就有关集团新员工培训方案，征求与会者意见，完善方案。

2. 各公司尽快拿出具有针对性的培训教材，落实培训人选，配合集团职工培训学校组建从上至下的培训管理网络。

3. 在集团内部宣传“新员工培训方案”，通过多种形式让全体员工了解这套新员工培训系统，宣传开展新员工培训工作的重要意义。

4. 所有新员工在正式上岗前，都必须在公司集中培训一次，然后再到具体工作部门进行培训，各公司可根据新员工基本情况使用相应的培训教材和确定培训时间，一般情况下培训时间为 1~3 天；根据新员工人数集团职工培训学校不定期实施整体的新员工培训，总体培训时间以一周为宜，培训合格发放结业证书，培训合格名单报集团人力资源部。

××集团公司

2020 年 5 月 8 日

请你分析这份培训方案存在的问题，并进行修改。

三、任务评价指标与标准

评价内容	配分	评分标准	得分
职业素养	10 分	诚实严谨，遵守纪律，独立完成任务；方法得当，思路清晰；能在规定时间完成任务，体现职业素养	

续表

<table>
<tr><th colspan="2">评价内容</th><th>配分</th><th>评分标准</th><th>得分</th></tr>
<tr><td rowspan="4">工作任务</td><td>语言表达</td><td>15 分</td><td>语言简洁，不烦冗，不说套话、空话；符合相关文种的风格要求，能正确表达意图，无歧义、病句、错句</td><td></td></tr>
<tr><td>文种选择</td><td>10 分</td><td>能依据工作要求正确选择相应文种，依据该文种要求拟定写作计划</td><td></td></tr>
<tr><td>文书各要素的编制</td><td>30 分</td><td>文书各要素齐全，基本架构符合文种要求；各要素编制版面分布规范、合理</td><td></td></tr>
<tr><td>内容及结构安排</td><td>35 分</td><td>选择有效的数据材料，突出中心；结构合理，条理清晰，逻辑严密</td><td></td></tr>
<tr><td colspan="2">合计</td><td colspan="2">100 分</td><td></td></tr>
</table>

四、学习与运用

1. 问答题

计划类文书主要包含哪几种？请分别阐述其特点。

2. 选择题

计划类文书标题中不能省略的项目是（　　）。

A. 单位名称　B. 适用时间　C. 内容类别　D. 发文时间

3. 判断题

制订计划是一种科学的工作和学习方法。（　　）

任务二　撰写总结类文书

一、知识准备

（一）总结的分类

总结，就是把某一时期已经做过的工作，进行一次全面系统的总检查、总评价，进行一次具体的总分析、总研究，看看取得了哪些成绩，存在哪些缺点和不足，有什么经验等。根据不同的分类标准，可将总结分为不同的类型。

按范围分，有地区总结、行业总结、单位总结、班组总结、个人总结等。

按性质分，有工作总结、教学总结、学习总结、科研总结、思想总结等。

按时间分，有月度总结、季度总结、半年总结、年度总结等。

按内容分，有全面总结、专题总结等。

上述分类不是绝对的，相互之间有相容、交叉。在总结的分类上，应灵活掌握，不必过于拘泥。

（二）总结的结构

总结一般由标题、引言、正文、结尾、落款构成。

1. 标题

总结的标题通常由单位名称、时限、主题、文种组成，如《平顶山工学院 2019 年工会工作总结》。

2. 引言

总结的开篇通常有一段引言，其内容是对主体做一些提纲挈领的表述，以引出正文。

3. 正文

正文是总结的主体部分，一般由基本情况、成绩、经验、问题、教训和今后的打算构成，常采用以下五种结构形式。

（1）四段式

这是按“工作情况—经验体会—问题教训—今后设想和努力方向”或“主旨—做法—效果—体会”的顺序，分成四大部分依次来写的。这是传统式结构，是长期以来写总结沿用的习惯方法，适用于大型的、综合性的工作总结。

（2）阶段式

这是把总结工作的全过程按时间顺序分为几个阶段来写，适用于总结时间较长、阶段性又很明显的工作。

（3）贯通式

这是围绕中心，按时间顺序或事物发展的层次，抓住主要线索，层层分析说明，总结工作的全过程。这种结构适用于内容较单一的专题性总结。

（4）总分式

这是先写一个前言，开宗明义地说明总的工作情况，然后把所进行的主要工作分为若干项逐项总结。

（5）并列式

这是在文章的开篇，以寥寥数语，概括阐明行文的依据和目的后，直接展开各部分内容，各部分内容之间在逻辑上呈并列关系。事迹材料、鉴定材料以及比较简单的总结，常采用这种结构。

4. 结尾

总结的结尾常用简短篇幅作出结论或说明努力的方向、今后的打算等。

5. 落款

落款包括署名和时间。署名是指在正文的右下方写明总结单位的规范名称或个人姓名，时间是指在署名下写清楚年、月、日。

（三）总结的撰写要求

1. 总结的基本内容

（1）基本情况

这是总结的开头部分。一般要把总结的对象、时间、地点、背景、过程作扼要的交代，简要说明某一时期所做的各项工作（综合总结）或某项工作的各个方面（专题总结），并要清楚反映出工作的开展过程，使阅读者有个概括了解。

（2）成绩和经验

这是总结的核心部分，要求用平实准确的语言叙述工作开展过程中的具体做法、取得的成绩和经验、心得和体会。

（3）存在的问题和教训

这也是非常重要的部分，要在谈到成绩和经验之后，实事求是、客观公正地指出工作中存在的问题和教训，分析出现失误的环节和主客观原因。

（4）今后的打算

这是总结的结尾部分。在充分肯定成绩和认真吸取教训的基础上规划未来的发展方向，提出改进措施。

2. 总结的注意事项

（1）要实事求是

不夸大成绩，不缩小缺点，更不能弄虚作假，这是分析、得出经验教训的基础。

（2）要条理清楚

总结是写给人看的，如果条理不清，人们就看不下去，即使看了也不知其所以然，这样就达不到总结的目的。

（3）要剪裁得体、详略适宜

材料有本质的，有现象的；有重要的，有次要的。写作时要去芜存精。总结中提出的问题要有主次、详略之分。

二、任务演练

（一）掌握总结类文书的常用结构形式

1. 请搜集某家公司的资料，用传统式结构撰写一篇公司 2019 年培训工作总结。

2. 请你代某公司人力资源部用贯通式结构撰写一篇薪酬改革工作总结（资料自己搜集）。

（二）对以下总结案例进行分析

2017 年人力资源工作总结

平常但又不平淡的 2017 年转眼间就结束了。回顾这一年，公司继续稳固了在房地产开发行业的领先地位，展望未来，我们将以全新的角度、全新的面貌迈上新的征程。正如公司的成长一样，2017 年人力资源工作也是平常却不平淡的，在逐步完善细化基础性工作的同时也在不断寻求着改革和创新，但也需要进一步改进。

一、2017 年完成的工作

1. 制度执行

目前，人事制度框架已建立，严格按照公司的规章制度执行，但内容上还需随着公司的发展进一步优化。

2. 企业文化建设

2017 年，人力资源部成功组织策划了 6 月的红安户外拓展及 8 月的年中汇报主题会务等活动，使员工感情得到加深，增强了企业与员工之间的互动与黏性。

为规范招聘工作流程，做好与各部门的衔接，人力资源部 10 月份着手对《招聘与雇用管理规定》《公司假期管理规定》进行修订，定稿后专程到项目上组织各部门人员进行培训、学习并贯彻执行。

3. 管理改进

（1）细化了员工入职管理流程和辞职管理流程，降低了用工风险。

（2）加强了试用期员工跟进和钉钉日报工作。

（3）及时跟进社保的异动办理，尤其是生育保险的办理。

（4）细化考勤管理，跟踪到人，严格管理。

4. 招聘与入职

按照公司年度计划部署，招聘工作有序开展。人力资源部积极协助、配合各部门招聘人员，满足各部门人员的需求。通过网络、熟人介绍等多种渠道，积极招聘工程、招商、营销、前台、司机等岗位人员。2017 年共计拨打 2 198 通招聘电话，邀约 1 176 人参与面试，到公司参加面试人员 1 059 人，面试应约率为 92%，通过率为 76%，入职率为 85%，人员流失率为 16%。

2017 年除集团财务部以外，各部门均有人员流动，但公司整体人员流动量较 2016 年有所下降，且员工离职率也由去年的 24.6% 下降至 16.2%。工程部和营销部人员流动量最大。

2017 年，人力资源部在充分利用各种原有渠道的基础上，进一步拓展招聘渠道，深化网络平台合作。充分利用赶集网、58 同城、百姓网等网站发布招聘信息，必要时通过置顶服务，吸引求职者关注公司，获取有用的简历信息和人力资源。树立招聘工作的成本意识，加强对招聘工作的成本收益分析，探索符合公司情况、性价比优良的招聘模式，杜绝招聘工作的盲目性，最大限度地减少资源浪费。

二、本年度工作存在的不足

2017 年，人力资源工作规范化建设初步确立了工作方向和目标，把人力资源部分管理理念和工作导入各个业务部门的日常工作中，也提供了我们应该提供的服务。但距离公司的要求和我们自己的目标仍有不小距离，还没有达到员工心目中理想的期望值，还有很多不足需要进行改进和完善。

1. 人力资源管理理念没有深入人心，人力资源管理制度和流程还没有顺利地在日常工作中得到贯彻执行，跟中层和基层管理人员的使用要求还有差距。

2. 人力资源统计工作还比较初级，信息更新速度和准确性还需要提高。

3. 部门职责和岗位的梳理还没有完成，需要得到大家的积极协助，并且人力资源管理需要各个部门提供专业的指导，来完善各个岗位的职责和业务流程。

4. 员工关系建设需要更加系统和强化，人力资源部的法律意识和法律咨询服务水平需要进一步提高，要把国家和省市的法律法规结合本部门的工作来解释和执行，更要为公司的发展提供有益的服务支持。

5. 专业水平还不足，对公司基础业务和工作缺乏了解的机会，只有不断跟进业务工作才能真正做好人力资源管理工作。

三、下一年度的工作计划

1. 完善人力资源管理基础，从岗位分析做起，确认各部门职责以及主要管理人员的岗位职责，做好招聘工作，为企业谋求匹配度高的候选人，提升面试成功率。

2. 宣传并推动落实人力资源管理制度和流程。

3. 加强人力资源信息化建设，做好人力资源统计分析工作，为公司发展提供支持。

4. 认真做好各项人力资源服务工作。

总之，人力资源作为企业的核心资源将直接决定企业的核心竞争力。因此，从公司层面，要求不仅从战略上建立具有竞争优势的人力资源管理制度，更要求把人力资源各环节的日常工作做细、做好、做到位，从而协助公司形成企业独有的文化和氛围，提高公司凝聚力，维护公司的创新与活力；从员工层面，要求建立企业与员工共赢的发展之路，员工在企业中设计自己的职业生涯，不断提高职业技能和水平！

人力资源部

2018 年 1 月 19 日

请你指出这份人力资源部工作总结的优点和问题。

三、任务评价指标与标准

评价内容		配分	评分标准	得分
职业素养		10 分	诚实严谨，遵守纪律，独立完成任务；方法得当，思路清晰；能在规定时间完成任务，体现职业素养	
工作任务	语言表达	15 分	语言简洁，不烦冗，不说套话、空话；符合相关文种的风格要求，能正确表达意图，无歧义、病句、错句	
	文种选择	10 分	能依据工作要求正确选择相应文种，依据该文种要求拟定写作计划	
	文书各要素的编制	30 分	文书各要素齐全，基本架构符合文种要求；各要素编制版面分布规范、合理	
	内容及结构安排	35 分	选择有效的数据材料，突出中心；结构合理，条理清晰，逻辑严密	
合计		100 分		

四、学习与运用

1. 判断题

写总结的目的是评估得失、总结经验，认识和掌握客观事物的规律，提出今后的

努力方向。 （ ）

2. 选择题

写总结的主要目的是（ ）。

A. 回顾工作成绩，树立今后工作的信心

B. 找出经验或教训，总结工作规律

C. 找出工作问题，有利于解决存在的问题

D. 详细记录工作历程，存档备查

3. 撰写一篇总结，具体要求如下：

（1）根据自己的实际情况、真切感受写作。

（2）内容可以是学习的某一科目、工作（学生会、团委、班级、社团等）、业余学习、考证、旅游、消费等方面。

任务三 拟定规章制度类文书

一、知识准备

（一）规章制度的概念和种类

1. 规章制度的概念

规章制度是国家机关、社会团体、企事业单位为了建立正常的工作、劳动、学习、生活秩序，依照法律、法规、政策而制定的，具有规范性、指导性和约束力的文书。

2. 规章制度的种类

规章制度是一个总称，它包括条例、规定、办法、章程、制度、规则、守则、须知、公约等。另外，标准、准则、规范、补充规定等也属于规章制度。各种不同的规章制度，适用不同的范围、不同的需要，起着不同的作用，其制发者也不一样。

（1）常用规章制度的类型

1）条例，是由国家行政机关制定或批准，规定某一事项或机关、团体的组织、职权等带有法规性质的文书，如《职工带薪年休假条例》《工伤保险条例》。

2）规定，是针对某一事项制定的法规性文书，比规则更具体，如《关于工资总额

组成的规定》。

3）办法，是针对某项工作或某一方面的活动做比较具体规定的文书，如《实行科技人员交流的办法》等。

4）规则，是国家机关、团体、企事业单位为维护公众利益，对某一事项制定的原则性规定，如《公司合同编号规则》。

5）守则，是要求特定的群体共同遵守的道德和行为规范的文书，如《员工守则》等。

6）公约，是群众在自觉的基础上共同商定的对某一事项作出的具体要求，如《公司文明公约》等。

7）制度，是针对社会组织或某些范围、某一事项作出的行为准则。制度可分为岗位性制度和法规性制度两种类型。前者适用于某一岗位上长期性的工作，所以有时制度也叫“岗位责任制”，如《办公室人员考勤制度》；后者是对某方面工作制定的带有法令性质的规定，如《差旅费报销制度》。

8）章程，是指党政机关、社会团体等制定的纲领性文件，是对组织的宗旨、性质、任务、机构、成员和活动规则作出规定的文件。章程应由该组织代表大会讨论通过后公布实行，如《人力资源学会章程》。

9）细则，是为了贯彻执行条例中某条款或某几条条款制定的详细规则，如《人事手续办理细则》。

（2）常见企业人力资源管理规章制度的类型

无规矩不成方圆，企业是由人组成的，对企业的管理首先是对人的管理，所以制度建设是人力资源管理的基础工作。企业的各种管理政策、手段等，通过规章制度的形式固定下来，对企业管理才有大的价值。人力资源管理规章制度的制定，可以根据企业规模和人员复杂程度确定。不同的企业，差距可能很明显。在制度设计时，可按人力资源管理的功能进行分类（见表6-2）。

表6-2　　企业人力资源管理常见规章制度一览表

功能模块	规章制度名称
人力资源规划类规章制度	人力资源规划管理制度
	人员编制管理制度
	人力资源预算管理制度
	组织架构管理制度
	岗位说明书汇编

续表

功能模块	规章制度名称
招聘与配置类规章制度	外部招聘制度
	内部招聘制度
	招聘面试制度
	内部举荐制度
培训与开发类规章制度	在岗培训管理制度
	外出培训管理制度
	新员工岗前培训制度
	培训费用管理制度
绩效管理类规章制度	试用期考核制度
	员工绩效管理制度
	管理人员绩效管理制度
	绩效改进制度
薪酬福利类管理制度	薪酬管理制度
	福利管理制度
	奖金管理制度
	中长期激励管理办法
员工关系类管理制度	考勤与休假管理制度
	员工入职离职管理制度
	加班管理制度
	劳动纪律处罚办法
	人事档案管理制度
	员工行为准则
	内部调动管理制度
	员工手册

（二）规章制度类文书的拟定

1. 拟定的基本原则

（1）应符合国家法律、法规及相关的方针和政策。企业人力资源管理制度的制定，必须是在国家各类法律允许的范围内进行，不得违反国家法律，不得侵犯劳动者正当的权益。

（2）应以科学技术和管理经验的综合成果为基础，以规范工作秩序为目的。规章制度类文书拟订的目的，应是规范企业员工的行为，保证企业事务的顺利开展。制定的制度应该是在长期的企业管理活动中提炼出来的管理理念的精髓。

（3）应贯彻现行的国家标准、行业标准、地方标准和企业标准。规章制度在遵从贯彻各级标准的前提下，要体现本企业的特色。

（4）应满足企业生产、经营、管理的要求。规章制度的制定是保证企业正常运转的需要，是保证企业经营目标实现的需要。

（5）应求真务实、切实可行，从企业实际出发。规章制度应尽可能结合企业实际拟定，同时符合企业战略规划，力求具有合理性、先进性和可操作性。

2. 规章制度的结构

（1）标题

规章制度的标题一般由单位名称、内容、文种组成，如《××公司员工绩效管理制度》等。单位名称是指规章制度适用的单位或范围，或制定、颁布单位的名称。

（2）正文

规章制度的正文结构一般有两种形式。

1）分章列条式（章条式）。这种形式是将规章制度的内容分成若干章，每章又分若干条。第一章是总则，中间各章叫分则，最后一章叫附则。总则一般写原则性、普遍性、共同性的内容，包括的主要内容有制度依据、制定目的（宗旨）和任务、适用范围、有关定义、主管部门（该项有时也可视具体情况置于分则或附则中）。分则是指接在总则之后的具体内容，通常按事物间的逻辑顺序，或按各部分内容的联系，或按工作活动程序以及惯例，分条列项进行编排。表述奖惩办法的条文也可单独构成罚则或奖罚则，作为分则的最后条文。附则包括的主要内容有施行程序与方式、有关说明（该文书与其他文书之间的关系，规定附件的效用、数量以及不同文字文本的效用等）、施行日期等。

2）条款式。这种形式的规章制度只分条目不分章节，适用于内容比较简单的规章制度。一般开头说明缘由、目的、要求等，主体部分分条列出规章制度的具体内容。第一条相当于分章列条式的总则，最后一条相当于分章列条式的附则。

（3）制发单位和日期

如有必要，可在标题下方正中加括号注明制发单位名称和日期，其位置也可以在正文之下，相当于公文落款的地方。

3. 规章制度的特点

（1）规范性

规章制度在一定范围内具有法定效力，因此，较其他事务文书要更具有规范性。

（2）严密性

规章制度是需要人们遵守其特定范围的事项，就其整体而言，必须通盘考虑使其内容具有严密性，否则无法遵守或执行。

（3）严肃性

制定规章制度必须依照相关的法律、法规、政策，做到有法可依、有章可循，不得与国家的法律、法规、政策相抵触。

（4）具有强制力或约束力

规章制度起到某些行政法规的作用，它一经公布，对有关方面及有关人员就具有强制力或约束力，必须贯彻实施，不得违反。否则，就要受到行政、法律、经济制裁或公众谴责。

（5）行文全面周到、内容具体

规章制度是行为的准则，它涉及方方面面的内容，都必须作出周到的规定和全面的要求，不能有遗漏，不能被人钻空子。规章制度的种种规定都比较具体，要求只能这样做，不能那样做。

有些规章制度加上“基本”一词，如“基本规程”“基本制度”等，表示这是带有普遍性、原则性的规定。有些规章制度加上“试行”“暂行”“草案”等词，表示这些规章制度还不很成熟，但实际工作又非常需要，先颁布施行，待条件进一步成熟后修改完善。

（三）人力资源管理规章制度的主要内容

1. 员工招聘

员工招聘规章制度的内容主要是招聘计划的制定与落实，包括招聘方案的制定、审批、发布，应聘的接待与审查，面试负责部门，面试内容，录用的决定，不予录用的情形，录用手续，录用后的试用期，试用期转正的申请、考评与审批等。

2. 员工任用

员工任用规章制度的主要内容包括签订劳动合同，明确劳动合同中的岗位责任、保密条款，以及任用期间的调（升）职等。

3. 员工培训

员工培训规章制度的主要内容包括员工培训的计划、形式、内容、要求、考核等，以及新员工上岗培训相关制度、老员工在岗培训制度等。

4. 绩效考核

绩效考核规章制度的主要内容包括绩效考核的对象、标准、形式、期限、结果（奖惩）及运用，以及考勤及休假制度等。

5. 薪资及待遇

薪资及待遇规章制度的主要内容包括企业或岗位基本薪资构成及等级标准、福利待遇、薪资调整、日常薪酬管理制度等。

6. 离职管理

离职管理规章制度的主要内容包括员工辞职、辞退、劳动关系解除的条件以及资遣退职办理程序等。

7. 员工守则

员工守则的主要内容包括劳动纪律、职业道德、文明礼仪等行为规范。

8. 人事档案管理

人事档案管理规章制度的主要内容包括员工个人人事档案的建立、人事信息管理、人事手续中的文件归档管理等。

二、任务演练

（一）编排规章制度类文书各要素

拟定一份公司员工休假与考勤管理制度，按照规章制度类文书的基本要求将各项要素列出。

（二）规章制度类文书的运用

某公司人力资源部根据上级要求，需要拟定公司员工绩效管理制度，并在企业推行实施，请拟定相应文书。

（三）对以下规章制度案例进行分析

××公司人力资源管理制度

第一章　总　　则

第一条　为加强公司的人力资源管理，理顺公司内部管理关系和提高工作效率，使公司人力资源管理规范化、制度化，根据《公司法》《劳动法》以及有关法律法规的规定，结合公司实际情况，特制定本制度。

第二条　本规定适用公司全体员工，即公司聘用的全部从业人员。

第三条　除遵照国家有关法律规定外，本公司的人力资源管理均依本制度规定办理。

第二章　人才招聘

第四条　公司因发展、业务或管理需要招收新员工的，由各主管部门根据岗位要求和需求人数填写《人员增补申请单》，经人力资源主管副总批准后，报送人力资源部予以招聘。

第五条　人力资源部根据要求拟定招聘信息并进行发布。人力资源部收到应聘者的简历后，按照相关部门提出的岗位需求进行初步审核，符合条件的可通知应聘者到公司进行面试。

第六条　应聘者到招聘室领取《员工基本信息表》进行填写，人力资源部进行第一轮面试。面试完后，应聘者再到用人部门进行第二轮面试以及相关考试（包括笔试、上机、实际操作等），用人部门若同意试用，在《员工基本信息表》上签署部门意见。

第七条　应聘者到人力资源主管副总处进行工资协商，若双方协商一致，主管副总在《员工基本信息表》上签署意见，应聘者将该表交到招聘室。

第八条　试用人员办理试用手续时，应向人力资源部招聘室提交以下证件：毕业证书、学位证书原件及复印件；技术职务任职资格证书原件及复印件；身份证原件及复印件。

第九条　新员工的试用期为 3 个月；在试用期间，新员工每天填写《工作日志表》，按周交给部门主管，由部门主管对新员工的专业知识、工作能力、工作效率、责任感、品德等方面进行评价，并于每周一上午 10 点前提交人力资源主管副总。

第三章　人才培训

第十条　为提高员工的自身素质和工作技能，营造学习型企业，公司将举办各种培训活动，并根据实际工作的需要和员工的表现选派优秀的员工参加其他专业培训。

第十一条　各部门要有计划地安排员工进行培训，要有准备地开展各项培训活动，要深入领悟公司的用人理念和人才战略，要努力打造能够满足公司不断发展、使公司在市场竞争中处于绝对优势的优秀人才队伍。

第十二条　员工的培训分为岗前培训、在职培训、专业培训三种。

第十三条　凡被公司安排进行培训的员工应服从安排，准时、认真地参加培训，不得无故缺席，确有特殊原因时，应按有关请假制度执行。

第十四条　各部门应该将每次培训的人员和内容以书面的形式交由人力资源部备案，并做好员工的培训考核工作。

第四章　考勤、请假、休假和加班

第十五条　工作时间：上午 8：00—12：00；下午 14：00—18：00（夏季），13：30—17：30（冬季）；每周工作六天；每周星期天休息。

第十六条　打卡有效时间段：上午上班卡 6：30—8：00；上午下班卡 12：00—12：40；下午上班卡 12：50—14：00（夏季），12：50—13：30（冬季）；下午下班卡 18：00—20：00（夏季），17：30—20：00（冬季）。

第十七条　员工必须准点上下班，迟到、早退 30 分钟以内的（含 30 分钟）罚款 10 元，30 分钟以上的按旷工处理。

第十八条　公司根据工作需要可以安排员工加班，员工不得推辞；但对被安排加班的员工，公司给予适当的串休。

第十九条　员工加班程序：需要加班的员工填写《加班审批表》，提交部门领导签字→加班完成后至门卫签字确认加班结束时间→按月累计提交主管副总签字→提交人力资源部。

第二十条　员工调休程序：员工填写《调休申请单》→经部门领导签字同意→主管副总签字→提交人力资源部。

第二十一条　人力资源部考勤员做好加班时间记录，每位员工的加班时间按季度进行累加，调休在该季度内时间段有效，若考勤员发现员工提交的《调休申请单》与加班记录不符，必须上报人力资源主管副总。

第二十二条　物流组及生产经营部、采购部由于工作的特殊性，可于月底上报调休汇总表，经主管副总签字后提交人力资源部。

第二十三条　公司上下班实行打卡登记制度，所有员工上下班均需亲自打卡，任何人不得代理他人或由他人代理打卡，由专管员监督。发现有人代打卡时，第一次两位当事人各罚款 100 元，第二次两位当事人各罚款 200 元，第三次两位当事人各罚款 500 元并给予记过处分。

第二十四条　成立考勤监督小组，不定期现场查看考勤，如发现专管员有包庇代打卡行为，第一次专管员罚款 100 元，第二次专管员罚款 200 元，第三次专管员罚款

500元并给予记过处分。

第二十五条　忘记打卡且在半天内补办的，按迟到处理，超过半天不予办理。

第二十六条　因公出差时，应由主管部门出具相关出差证明，并办理因公签卡手续。没有证明或不按规定办理签卡手续者，按迟到或旷工处理。

第二十七条　员工因病、因事需请假的，应事先填写请假条，先经部门主管同意，再由上级领导审批后才能离开工作岗位。1天以内的，由部门领导批准；2~3天的，由主管副总批准；3天以上的报总经理批准。

第二十八条　车间员工有请假、迟到、早退、旷工等任一情况的，取消当月全勤奖150元；若是公司安排的调休，全勤奖按调休的天数扣除。

第二十九条　以下情况视为旷工：

（一）未经请假或假满未经续假而擅自不到岗的；

（二）迟到、早退超过30分钟的；

（三）工作过程中擅自离开岗位的；

（四）法律法规或公司其他管理制度规定的旷工情况。

第五章　绩效考核

第三十条　员工的考核分为转正考核、季度考核、年终考核，考核结果作为员工晋升、降级、提薪、奖罚的依据。

第三十一条　考核的内容包括工作态度、工作能力、工作业绩、工作适应性、发展潜力等。

第三十二条　考核程序由各部门按照实际情况自行拟定实施。

第三十三条　每季度考核结束后，考核者、被考核者要相互沟通，面对面交流，并根据考核结果共同达成改进意见和下一步的努力方向。

第六章　工资和福利津贴

第三十四条　员工工资包括基本工资、岗位津贴、职务津贴、加班费、业绩提成以及福利津贴等。

第三十五条　员工自报到之日起薪，离职之日停薪。

第三十六条　公司推出全体员工工龄补贴，干满一年的补贴50元/月，干满两年的补贴100元/月，依次类推，每年递增50元，满五年封顶。

第三十七条　公司视情况在国家法定节假日时给员工发放一些物资。

第三十八条　公司奖励包括书面通报表扬、颁发奖品和奖金、提级提薪等。

第七章　调　　职

第三十九条　公司基于业务上的需要，可随时调动员工的岗位或工作地点，被调员工不得借故拖延或拒不到岗。

第四十条　员工原则上也可根据个人情况提出工作调动的要求，但要经过各级领导的审批。

第四十一条　调岗人员到人力资源部领取《员工工作调动表》，分别找调出部门主管、调入部门主管、人力资源部部长以及人力资源主管副总签字同意后交由人力资源部存档。

第四十二条　公司、项目组调动员工时，应充分考虑其个性、学识、能力，使人尽其才、才尽其用。

第四十三条　员工办完《员工工作调动表》的手续后，限在2天内办完移交手续。

第八章　离职与解聘

第四十四条　员工自愿辞职须提前一个月填写《离职申请表》，报各相关领导签字同意后，交由人力资源部存档。若交了《离职申请表》的员工，在各项工作交接完毕后需要提前离开的，可写申请报主管领导以及副总同意后离职。

第四十五条　依据公司用工制度，员工不能胜任岗位工作及各项要求的，由部门提出解聘意见，并填写《解聘书》，报人力资源部备案，办理解聘手续。

第四十六条　在试用期内，员工有品行不良、工作不能胜任或无故旷工等行为的，公司可以随时停止试用，并由主管部门报人力资源部办理辞退手续。

第四十七条　员工离职应该办理工作交接手续和离职手续，并交回工牌、考勤卡等物品和相关文件资料，财务部随工资一起退回离职员工3元的磁卡费用。

第九章　劳动合同签订以及续签

第四十八条　新员工报到后，由人力资源部在一个月内将劳动合同签订完毕。

第四十九条　人力资源部提前一个月统计劳动合同到期续签人员名单报送公司领导审批，并发至各部门；续签合同的人员需提交述职报告给相关部门负责人审核，并由负责人提出续签鉴定；人力资源部向各部门提供《劳动合同续订审批表》，并报公司领导审批；经领导审批后，人力资源部根据审批表与员工签订一式两份《劳动合同书》，一份由公司保存，一份返还员工保存。

第十章　附　　则

第五十条　本制度如有未尽事宜，由相关部门作出补充决定并报总经理审批；或依照国家的有关规定，结合公司的实际情况予以修订。

第五十一条　本制度自2020年6月1日起执行。

××公司

2020年5月1日

请你结合规章制度类文书拟定的基本原则，指出这份人力资源管理制度存在的主要问题，并分析它的结构形式。

三、任务评价指标与标准

评价内容		配分	评分标准	得分
职业素养		10分	诚实严谨，遵守纪律，独立完成任务；方法得当，思路清晰；能在规定时间完成任务，体现职业素养	
工作任务	语言表达	15分	规章制度中的术语、符号、简称等应统一，符合规章制度类文书的基本规范要求；能正确表达意图，无歧义、病句、错句	
	文种选择	10分	能依据工作要求正确选择规章制度类文书的结构形式	
	文书各要素的编制	30分	文书各要素齐全，符合文种要求；各要素编制版面分布规范、合理	
	内容及结构安排	35分	选择有效的数据材料，突出中心；结构合理，条理清晰，逻辑严密	
合计		100分		

四、学习与运用

1. 问答题

规章制度类文书常见的类型有哪些？

2. 选择题

用章条式撰写规章制度类文书，一般（　　）。

A. 总则只设一章，附则也只设一章

B. 总则设若干章，附则只设一章

C. 总则设若干章，附则也设若干章

D. 总则只设一章，附则设若干章

3. 判断题

规定、条例等作为规章制度类文书，可以用法定公文予以发布。（　　）

项目七

人力资源管理业务文书

【项目说明】

本项目主要对人力资源管理业务文书——劳动合同类、协议类文书的定义、分类、作用等进行介绍；结合人力资源管理中的劳动合同订立、变更、解除、终止等工作进行文书写作能力培养，针对保密协议、竞业限制协议、培训协议、实习协议、劳务派遣协议等文书的写作及运用能力进行训练。

【项目导入】

一、主题案例

某单位人力资源管理专员拟订劳动合同

某单位是一家成立于2010年的物业服务公司，拥有各类员工200余名，最近一个月，人力资源管理专员王丽忙得焦头烂额，由于员工流失率太高，上一批员工的离职手续还没有办完，这一批新员工的入职手续又迫在眉睫，新员工的劳动合同签订问题是王丽近期工作的重中之重。这一批新员工中包括保安员、物业维修员、物业管家、前台客服等，王丽一直在思考他们的劳动合同应该如何拟订，什么时候和他们签合同，签哪一种期限的劳动合同，劳动合同的内容应该如何确定，劳动合同中有哪些需要特别注意的地方等。

二、学习目标

1. 掌握劳动合同订立、变更、解除、终止的文书写作方法。

2. 学会拟订保密协议、竞业限制协议、培训协议、实习协议、劳务派遣协议等文书。

任务一　拟订劳动合同类文书

一、知识准备

（一）劳动合同

1. 劳动合同的定义与分类

订立劳动合同是劳动者和用人单位经过相互选择和平等协商，就劳动合同条款达成协议，从而确立劳动关系和明确相互权利义务的法律行为。订立劳动合同，应当遵循合法、公平、平等自愿、协商一致、诚实信用的原则。依法订立的劳动合同是劳动者与用人单位建立劳动关系的重要凭证，是双方当事人明确各自权利和义务的基本形式，是劳动者用来维护自己合法权益的重要手段，是减少和防止发生劳动争议的重要措施。

（1）劳动合同的定义

劳动合同是劳动者与用人单位之间确立劳动关系，明确双方权利和义务的协议。根据这个协议，劳动者加入企业、个体经济组织、民办非企业单位，以及国家机关、事业单位、社会团体等用人单位，成为该单位的一员，承担一定的工种、岗位或职务工作，并遵守所在单位的内部劳动规则和其他规章制度；用人单位应及时安排被录用的劳动者工作，按照劳动者提供劳动的数量和质量支付劳动报酬，并且根据劳动法律、法规规定和劳动合同的约定提供必要的劳动条件，保证劳动者享有劳动保护及社会保险、福利等权利和待遇。

（2）劳动合同的分类

根据劳动合同的期限不同，劳动合同可以分为固定期限劳动合同、无固定期限劳动合同和以完成一定工作任务为期限的劳动合同。三种合同在形式上没有太大差别，内容方面的差别主要体现在劳动合同期限不同。

固定期限劳动合同，是指用人单位与劳动者约定合同终止时间的劳动合同。用人单位与劳动者协商一致，可以订立固定期限劳动合同。固定期限的劳动合同可以是较短时间的，如半年、一年、两年，也可以是较长时间的，如五年、十年甚至更长时间。不管时间长短，劳动合同的起始和终止日期都是固定的。固定期限劳动合同的适用范围广，应变能力强。对于那些常年性工作，要求保持连续性、稳定性的工作，以及技术性强的工作，适宜签订较为长期的固定期限劳动合同。对于一般性、季节性、临时性、用工灵活、职业危害较大的工作岗位，适宜签订较为短期的固定期限劳动合同。

无固定期限劳动合同，是指用人单位与劳动者约定无确定终止时间的劳动合同。订立无固定期限劳动合同有三种情形：一是用人单位与劳动者协商一致，可以订立无固定期限劳动合同；二是在法律规定的情形出现时，劳动者提出或者同意续订劳动合同的，应当订立无固定期限劳动合同；三是用人单位自用工之日起满一年不与劳动者订立书面劳动合同的，视为用人单位与劳动者已订立无固定期限劳动合同。

以完成一定工作任务为期限的劳动合同，是指用人单位与劳动者约定以某项工作的完成为合同期限的劳动合同，如项目工程、采茶、棉花采摘等。在签订这种劳动合同时，用人单位通常无法预计该项工作结束的具体时间，因此在实践中该项目的开工之日就是合同开始之时，此项目的结束之日就是劳动合同的终止之日。一般签订以完成一定工作任务为期限的劳动合同主要有以下四种情形：单项工作（如具体开发某项技术等）、可按项目承包的工作（如某个房子的装修等）、需临时用工的工作（如临时雇用人员促销空调等）、其他双方约定的以完成一定工作任务为期限的劳动合同。这四种情形的共同特点是以完成一定工作任务为目标。该种劳动合同的使用有很大的局限性，不是可以任意使用的，只有在任务明确或者季节性强、临时性的情况下，才适宜签订这种劳动合同。

2. 劳动合同的结构

建立劳动关系，应当订立书面劳动合同。已建立劳动关系，未同时订立书面劳动合同的，应当自用工之日起一个月内订立书面劳动合同。

劳动合同有多种样式，依据《劳动合同法》第十七条的规定，应包含以下内容：用人单位的名称、住所和法定代表人或者主要负责人；劳动者的姓名、住址和居民身份证或者其他有效身份证件号码；劳动合同期限；工作内容和工作地点；工作时间和休息休假；劳动报酬；社会保险；劳动保护、劳动条件和职业危害防护；法律、法规规定应当纳入劳动合同的其他事项。劳动合同除前款规定的必备条款外，用人单位与劳动者可以约定试用期、培训、保守秘密、补充保险和福利待遇等其他事项。

正规的书面劳动合同一般由四部分组成：标题、首部、正文、签署。

（1）劳动合同的标题

关于合同标题，法律没有设置明确的禁止性规定，所以主要看合同内容中反映的合同关系主体是否具有相应的资质。劳动合同的标题一般以文种名“劳动合同”为题。比较常见的有《劳动合同》《劳动合同书》《简易劳动合同》《××行业劳动合同》等。除此之外，还有的合同标题叫作《聘用合同》《聘用合同书》等，只要该合同的内容符合《劳动合同法》第十七条的规定，一般也认为是劳动合同。

（2）劳动合同的首部

劳动合同的首部一般会注明合同编号，写明合同类型。如果劳动合同比较详尽，这两项内容一般与劳动合同标题一起放在劳动合同封面上。合同编号并不是一定需要的，但是为便于规范管理，一般用人单位为所有员工订立的劳动合同统一编号。《劳动合同法》第七条规定：用人单位自用工之日起即与劳动者建立劳动关系，用人单位应当建立职工名册备查。因此，通常用人单位将劳动合同编号与职工名册编号保持一致。

劳动合同首部最重要的内容是签约双方当事人的基本情况，一般甲方为用人单位，乙方为劳动者。甲方信息包括用人单位名称、住所（地址）、电话、法定代表人（或主要负责人），乙方信息包括劳动者的姓名、住址、户籍地址、电话、居民身份证号码或其他有效证件号码等。值得注意的是用人单位名称必须要用全称，不能用简称。

（3）劳动合同的正文

劳动合同的正文主要是明确签约双方的具体权利和义务。根据《劳动合同法》第十七条的规定，劳动合同的内容可分为法定条款和约定条款。具体写法上往往包括引言、具体条款、兜底条款、附件等。

引言部分一般根据表述习惯的需要，交代相关事项，明确合同目的。劳动合同引言的常见写法如下：

根据《中华人民共和国劳动法》《中华人民共和国劳动合同法》和有关法律、法规，经甲乙双方协商一致签订本合同，共同遵守本合同所列条款。

具体条款一般依据《劳动合同法》来进行拟订，通常包括：①劳动合同期限；②工作内容和工作地点；③工作时间和休息休假；④劳动报酬；⑤社会保险和福利；⑥劳动保护、劳动条件和职业危害防护；⑦劳动纪律；⑧劳动合同的履行、变更、续订、解除和终止；⑨违约责任；⑩争议处理；⑪双方约定的其他事项等。

兜底条款作为一项立法技术，它将所有其他条款没有包括的，或者难以包括的，或者目前预测不到的，都包括在这个条款中。兜底条款是法律文本中常见的法律表述，主要是为了防止法律的不周严性，以及社会情势的变迁。常见的兜底条款是“本合同未尽事宜按国家现行的法律、法规和政策执行”。

劳动合同附件与劳动合同具有同等法律效力。常见的劳动合同附件包括《岗位聘任协议书》《保密协议》《培训与服务期协议》《违约责任》《员工手册》《规章制度》等。附件一般与劳动合同一起签字，补充协议才单独签字。劳动合同附件经劳动者与用人单位协商一致确定的，就构成了劳动合同的组成部分。法律上带有附件的劳动合同是被认可的，因此附件也是具有法律效力的，这些附件也可以作为劳动争议处理的有效证据。

（4）劳动合同的签署

劳动合同的签署包括签名盖章和签约日期。

劳动合同由用人单位与劳动者协商一致，并经用人单位与劳动者在劳动合同文本上签字或者盖章生效。劳动合同文本由用人单位和劳动者各执一份。劳动合同应当由用人单位法定代表人与劳动者本人签订，并在劳动合同中加盖用人单位公章（法人章）。对于劳动关系双方来说，要么签字，要么盖章，要么签字盖章同时具备，这三种情况对于合同成立的意义是相同的。

劳动合同的签约日期又称为劳动合同签订日期，是劳动合同成立的日期，它与劳动合同起始日是不同的概念。劳动合同起始日，是劳动合同开始履行的日期。劳动合同的合同期限的起始日期与后面签订合同的时间可以一致，也可以不一致，这取决于合同是何时签订的。《劳动合同法》第十条规定：建立劳动关系，应当订立书面劳动合同。已建立劳动关系，未同时订立书面劳动合同的，应当自用工之日起一个月内订立书面劳动合同。用人单位与劳动者在用工前订立劳动合同的，劳动关系自用工之日起建立。

3. 劳动合同拟订的注意事项

全面建立劳动合同制度，对于加强现代企业的劳动管理，实现人力资源的优化配置，依法保护广大劳动者的合法权益，建立稳定和谐的劳动关系，调动广大劳动者积极性，增强企业活力，都有着十分重要的作用。劳动合同拟订的注意事项主要包括以下五个方面。

（1）利益的均衡性

劳动合同双方当事人是平等的主体，其订立的条款应当是互惠互利的。因此，拟订人应顾及对方的利益，而不能只考虑本方的利益。

（2）内容的合法性

内容的合法性是指劳动合同订立人的资格，订立程序，合同形式、内容，合同履行、变更和解除等都必须合法，这是对劳动合同的最根本要求。凡违反法律、法规的劳动合同，或采取欺诈、威胁等手段订立的劳动合同，均是无效劳动合同。无效的劳动合同从订立时起，就没有法律约束力。

（3）语言表达的严谨性

劳动合同对签约各方都具有法律约束力，签订劳动合同是一项非常严肃的工作。劳动合同的核心内容就是详尽、准确地写明双方的权利、义务和违约责任，对语言表达的要求非常高。它的措辞用字应力求准确、简洁，避免产生歧义，防止发生纠纷。

（4）格式的规范性

首部的写法、正文前言中的“依法协商”“自愿签订”等语句，还有签署部分的写法等，都要遵照一定的格式。

（5）书面的整洁性

根据《中华人民共和国劳动法》的规定，劳动合同应当以书面形式订立。签订合同应使用钢笔或毛笔，书写要清楚，正确使用标点符号，数字要大写，不得随意涂改原文。如必须修改，需经双方同意，并在修改处盖上双方印章并签字。否则，视为无效合同。

除了以上五个方面之外，劳动合同拟订时必须考虑劳动合同的特点。劳动合同主要有以下四个特点：一是强制性，双方必须亲自履行，不能代理和继承；二是平等性，双方的法律地位平等，自愿签订，一方不得将自己的意志强加给另一方；三是隶属性，劳动者在身份上、组织上从属于用人单位，用人单位必须依法行使管理权；四是有偿性，劳动者向用人单位提供劳动，并取得报酬。

（二）劳动合同变更协议

1. 劳动合同变更协议拟订要点

劳动合同的变更是指劳动者与用人单位对依法订立、尚未履行完毕的劳动合同条款所做的修改或增删。法律规定，劳动合同依法订立后，双方当事人必须全面履行合同规定的义务，任何一方不得擅自变更劳动合同。因此，劳动合同的变更可能是双方协商的结果，也可能是由于不可抗拒的原因产生的结果。

劳动合同变更协议在结构上和劳动合同是一致的，也包括标题、首部、正文和签署。标题部分一般直接写“劳动合同变更协议”。首部除了编号外，最重要的是甲乙双方的基本信息。正文部分比劳动合同简单，变更协议上只需要注明变更的条款。签署的要求也与劳动合同一样。

用人单位在进行劳动合同变更时，应注意以下几个方面：变更劳动合同必须在劳动合同依法订立之后，在合同没有履行或者没有履行完毕之前的有效时间进行。变更劳动合同必须坚持平等自愿、协商一致的原则，即劳动合同变更必须经用人单位和劳动者双方当事人的同意。变更后的劳动合同必须合法，不得违反法律、法规的强制性规定。变更劳动合同必须采用书面形式。劳动合同变更协议文本也应是用人单位和劳动者各执一份。

2. 劳动合同变更协议示例

劳动合同变更协议

甲方：

乙方：

经甲乙双方协商一致，就双方____年____月____日签订/续订的劳动合同变更事项达成如下协议：

一、劳动合同变更内容

1. ××××

2. ××××

二、本协议生效后，原劳动合同仍继续履行，但变更条款按照本协议执行。

三、本协议经甲乙双方签字（盖章）并加盖甲方劳动合同专用章后生效。

四、本协议一式两份，甲乙双方各执一份。

甲方：(盖章)　　　　　　　　　　　　　乙方：(签字)

法定代表人或委托代理人：(签字)

____年____月____日　　　　　　　　　　____年____月____日

（三）解除或终止劳动合同证明

1. 解除或终止劳动合同证明的作用

《劳动合同法》第五十条规定：用人单位应当在解除或者终止劳动合同时出具解除或者终止劳动合同的证明。《劳动合同法》第八十九条规定：用人单位违反本法规定未向劳动者出具解除或者终止劳动合同的书面证明的，由劳动行政部门责令改正；给劳动者造成损害的，应当承担赔偿责任。

出具解除或终止劳动合同证明，是用人单位应尽的义务和责任。这能够使新单位规避法律风险，同时也为办理相应手续提供了依据。

2. 解除或终止劳动合同证明撰写要点

（1）证明内容要符合法律规定

《劳动合同法实施条例》第二十四条规定：用人单位出具的解除、终止劳动合同的证明，应当写明劳动合同期限、解除或者终止劳动合同的日期、工作岗位、在本单位的工作年限。

（2）证明的格式要符合要求

解除或终止劳动合同证明和其他证明的形式一致。具体写法上要注意以下几点：首先，标题一般直接写“解除或终止劳动合同证明”“解除劳动合同证明”“终止劳动合同证明”等。其次，正文要把对方所要求证明的事项、事件、人物交代清楚。具体来说，劳动合同期限、解除或者终止劳动合同的日期、工作岗位、在本单位的工作年限均应有所交代。再次，结束语一般用“特此证明”。最后，落款一般为用人单位，加盖公章，并签署出具证明的日期。

（3）写作细节要做到简明、肯定、准确

写好后不要涂改，留存根备查。解除或终止劳动合同证明一般为一式四份，原合同双方当事人、失业保险机构、社保经办机构各一份。

3. 解除或终止劳动合同证明示例

解除或终止劳动合同证明

兹有本公司职工________，性别____，身份证号码________________________，劳动合同类型为____________（固定期限劳动合同、无固定期限劳动合同、以完成一定工作任务为期限的劳动合同），工作岗位为________________，劳动合同起止时间为____年____月____日至____年____月____日，在本公司实际工作年限始于____年____月____日，共____年____个月。因____（①劳动合同期限届满，②……），根据《劳动合同法》第____条第____款第____项规定，本公司于____年____月____日终止（解除）与该职工的劳动合同。特此证明。

××公司（盖章）

____年____月____日

二、任务演练

（一）拟订劳动合同

某单位人力资源管理专员王丽记得用人单位自用工之日起超过一个月不满一年未与劳动者订立书面劳动合同的，应当向劳动者每月支付两倍的工资。而到岗快一个月的物业维修员小孙还没有签劳动合同，王丽决定要尽快和小孙签订劳动合同以规避用工风险。请参照以下模板帮助王丽拟订一份劳动合同。

劳 动 合 同

用人单位（甲方）：

地址（住所）：

法定代表人（主要负责人）：

员工姓名（乙方）：

住址：

身份证号码：

根据《中华人民共和国劳动法》《中华人民共和国劳动合同法》等有关劳动法律、法规的规定，甲乙双方按照合法、公平、平等自愿、协商一致、诚实信用的原则，签订本劳动合同，确立劳动关系。

一、劳动合同期限

二、工作内容和工作地点

三、工作时间和休息休假

四、劳动报酬

五、社会保险和福利待遇

六、劳动保护、劳动条件和职业危害防护

七、劳动纪律

八、劳动合同的履行和变更

九、劳动合同的解除、终止和续订

十、违约责任

十一、争议处理

十二、其他约定

本劳动合同未尽事宜或合同条款与劳动法律法规有抵触的，按现行劳动法律法规执行。

本劳动合同一式两份，甲、乙双方各执一份。经甲、乙双方签章生效，涂改或冒签无效。

甲方：（盖章） 乙方：（签名或盖章）

法定代表人：（签名）

____年____月____日 ____年____月____日

（二）变更劳动合同

为了留住优秀保安员小张，领导指示将小张的岗位由保安员调换到保安队长，月薪由 3 500 元涨到 4 500 元。如果你是人力资源管理专员，需要如何变更小张的劳动合同呢？

（三）解除劳动合同

客服小赵的劳动合同还有半年到期，可是她为了结束异地恋，坚持离职，请你为小赵开具一份解除劳动合同证明。

三、任务评价指标与标准

评价内容	配分	评分标准	得分
劳动合同形式符合要求，内容全面、严谨，符合法律规定	35 分	准确、简洁，严谨、规范；依照《劳动合同法》相关规定撰写	
以书面形式变更，内容和形式符合法律规定	35 分	准确、简洁，严谨、规范	
符合证明的格式要求，内容符合法律和实际的需要	30 分	准确、简洁，严谨、规范；依照《劳动合同法》相关规定撰写	
合计	100 分		

四、学习与运用

1. 判断题

劳动合同中一定要有约定条款。 （ ）

2. 简答题

劳动合同、劳动合同变更协议、解除或终止劳动合同证明有何异同？

任务二　拟订保密协议

一、知识准备

（一）协议的定义及作用

协议是指在社会生活中，协作的双方或数方，为保障各自的合法权益，经双方或数方共同协商达成一致意见后，签订的书面材料。协议是契约文书的一种，是当事人双方（或多方）为了解决或预防纠纷，或确立某种法律关系，实现一定的共同利益、愿望，经过协商而达成一致后，签署的具有法律效力的记录性应用文。

协议有广义和狭义之分。广义的协议是指社会集团或个人处理各种社会关系、事务时常用的契约类文书，包括合同、议定书、条约、公约、联合宣言、联合声明、条据等。狭义的协议是指国家、政党、企业、团体或个人就某个问题经过谈判或共同协商，取得一致意见后，订立的一种具有经济或其他关系的契约性文书。

《中华人民共和国合同法》第二条规定，合同是平等主体的自然人、法人、其他组织之间设立、变更、终止民事权利义务关系的协议。从这一概念中可以看出，合同就是协议。根据逻辑学的原理，协议是合同的一种概念，即所有的合同都是协议，但并非所有的协议都是合同，所以说合同是具有特定内容的协议。

依法成立的合同，受法律保护。广义的合同是指所有法律部门中确定权利、义务关系的协议。狭义的合同是指一切民事合同。合同的特点是明确、详细、具体，并规定有违约责任。如果协议的内容写得比较明确、具体、详细、齐全，并涉及违约责任，即使其名称写的是协议，也是合同；如果合同的内容写得比较概括、很不具体，也不涉及违约责任，即使其名称写的是合同，也不能称其为合同，而是协议。人力资源管理中常用的协议如“保密协议”“竞业限制协议”“培训协议”“实习协议”“劳务派遣协议”等，几乎都是合同。

订立协议一般遵循平等、自愿、公平、诚信、合法的原则。

订立协议的目的是为了更好地从制度上乃至法律上，把双方协议所承担的责任固定下来。作为一种能够明确彼此权利与义务、具有约束力的凭证性文书，协议对当事人双方（或多方）都具有制约性，它能监督双方信守诺言、约束轻率反悔行为，它的作用与合同基本相同。

（二）保密协议的含义

保密协议，是指协议当事人之间就一方告知另一方的书面或口头信息，约定不得向任何第三方披露该信息的协议。负有保密义务的当事人违反协议约定，将保密信息披露给第三方，将要承担民事责任甚至刑事责任。这里所指的保密协议当事人是用人单位与劳动者。

保密协议一般包括保密内容、责任主体、保密期限、保密义务及违约责任等条款。保密协议可以分为单方保密协议和双方保密协议。单方保密协议是指一方对另一方单方面负有保密义务的协议。用人单位与劳动者签订的保密协议一般为劳动者对用人单位负有保密义务的单方保密协议。

（三）保密协议的拟订要求

保密协议一般包括标题、约首、正文、约尾四个部分。

1. 标题

协议标题的写法一般有三种：①当事人名称+事由+文种，如“××公司员工保密协议”；②事由+文种，如“保密协议”；③以文种名称为标题，如“协议”。

保密协议的标题一般为第二种，即直接以“保密协议”为标题。

2. 约首

当事人单位名称或代表人、代理人姓名，通常用“甲方”“乙方”等来代称。约首左右并列、上下分列、前后连写均可，以下是常见的一种。

甲方（单位名称）：

法定代表人（主要负责人）：

地址（住所）：

乙方姓名（乙方）：

住址：

身份证号码：

3. 正文

（1）开头

正文的开头要简要写明签订本协议的依据、原因、目的，紧接着转入主体。以下是较常见的一种开头方法。

甲、乙双方根据《中华人民共和国劳动法》以及国家、地方政府有关规定，在遵循平等自愿、协商一致、诚实信用的原则下，就甲方商业秘密保密事项达成如下协议。

（2）主体

正文主体包括保密协议事项的内容、各方的权利与义务、违约责任、有效期限、解决违约的办法。下面示例展示的是××公司保密协议的主体内容。

第一章　商业秘密的范围

第一条　甲方的商业秘密，包括甲方原有的商业秘密及乙方因履行职务而产生发明创造、作品、计算机软件、技术秘密或其他商业秘密信息。

第二条　甲方的商业秘密，主要指如下内容：

1. 经营信息：包括但不限于客户名单、推广计划、培训资料、业务报表或数据、财务资料、员工结构、人力资源信息数据、薪资结构、合作渠道、推广关键词等。

2. 技术信息：包括但不限于技术方案、页面设计、公司网站运营信息或方法、操作流程、技术指标、计算机软件、数据库、研究开发记录、技术报告、检测报告、实验数据、试验结果、操作手册、技术文档、后台账户信息、相关的函电等。

第三条　上述经营和技术信息，无论甲方是否采取保密措施，均不影响其成为甲方商业秘密的构成资料。

第二章　任职期间的保密

第四条　乙方在甲方任职期间，必须遵守甲方规定的任何成文或不成文的保密规章、制度，履行与其工作岗位相应的保密职责。

第五条　甲方的保密规章、制度没有规定或者规定不明确之处，乙方亦应本着谨慎、诚实的态度，采取任何必要、合理的措施，维护其于任职期间知悉或者持有的任何属于甲方或者虽属于第三方但甲方承诺有保密义务的商业秘密，以保持其机密性。

第六条　除了履行职务的需要之外，乙方承诺，未经甲方同意，不得以泄露、告知、公布、发布、出版、传授、转让或者其他任何方式使任何第三方（包括按照保密制度的规定不得知悉该项秘密的甲方其他职员）知悉属于甲方或者虽属于他人但甲方承诺有保密义务的商业秘密，也不得在履行职务之外使用这些商业秘密。

第三章　办理离职期间的保密

第七条　乙方应当于离职时，或者于甲方提出请求时，返还全部属于甲方的财物，包括记录着甲方商业秘密信息的一切载体。

但当记录着商业秘密的载体是由乙方自备的，且秘密信息可以从载体上消除或复制出来时，由甲方将商业秘密复制到甲方享有所有权的其他载体上，并把原载体上的商业秘密消除。

第八条　甲乙双方合同到期或任一方提出解除合同，在解除合同后2年之内，乙方不得为自己或他人经营与甲方相同或同类的业务。

第四章　离职后的保密

第九条　双方同意，乙方离职之后仍对其在甲方任职期间接触、知悉的属于甲方或者虽属于第三方但甲方承诺有保密义务的商业秘密，承担如同任职期间一样的保密义务和不擅自使用有关秘密信息的义务。

乙方离职后承担保密义务的期限直至甲方宣布解密或者秘密信息实际上已经公开。

乙方认可，甲方在支付乙方的工资报酬时，已考虑了乙方离职后需要承担的保密义务，故而无须在乙方离职时另外支付保密费。

第十条　按劳动合同第××条规定离职的乙方，在离职后2年内不得在与甲方生产、经营同类产品或提供同类服务的其他企业、事业单位、社会团体内担任任何职务，包括股东、合伙人、董事、监事、经理、职员、代理人、顾问等，也不得自己生产甲方同类产品或经营同类业务。

第五章　违约责任

第十一条　乙方的违约行为给甲方造成损失的，乙方应当赔偿甲方的损失。

第十二条　因本协议而引起的纠纷，如果协商解决不成，任何一方均有权向劳动争议仲裁委员会提起仲裁。如提起诉讼，双方同意选择甲方住所地的人民法院作为双方协议纠纷的管辖法院。

（3）结尾

保密协议正文结尾部分常常需要标明本协议共一式几份、保存情况、附件等。常用的表述是“本协议一式两份，甲乙双方各执一份，自双方签字或盖章之日起生效”。

4. 约尾

约尾包括当事人署名（全称），盖章，签订协议的时间、地点等。

（四）保密协议拟订的注意事项

拟订协议一般要熟悉有关法律法规和方针、政策，协议内容要符合国家的法律法规。协议条款内容要周详，不能有疏漏。协议用语一定要准确、严谨，要在平等互利、协商一致的基础上确定各项条款。协议书面要整洁，要认真书写，并不得随意涂改。除此之外，还应注意以下两点。

1. 保密协议的形式

在签订保密协议时，双方既可以在劳动合同中约定保密条款，也可以订立专门的保密协议。但不管采用哪种方式，都应当采用法定的书面形式，并做到条款清晰明白，语言没有歧义。

2. 保密协议的内容

（1）明确保密信息范围

用人单位在约定保密内容时，务必把需要保密的对象、范围、内容和期限等明确下来，最好通过列举的方式列明所有需要保密的内容，否则很容易因约定不明而引发诉讼纠纷。保密信息范围一般包括技术信息、经营管理信息、特殊约定及其他秘密。

（2）明确保密主体

保密协议保守的是用人单位的商业秘密，因此用人单位只应当与接触、知悉、掌握商业秘密的员工签订保密协议，而不是普通员工，更不是全体员工。当然，用人单位还应当根据自身的性质和情况分析确定用人单位中哪些员工掌握了商业秘密。商业秘密的保密主体一般仅限于涉密岗位的劳动者，对于保密岗位和技术岗位，要求其不得披露、赠予、转让、销毁或者协助第三方侵犯公司的商业秘密。除上述涉密岗位外，不必然承担保密义务的劳动者在工作中有意或无意获悉公司秘密时，也应该列入保密主体的范围，承担保密责任。此外，那些掌握了商业秘密的劳动者家属、朋友，对保守商业秘密也应该负有同等义务。

（3）约定保密期限

保密协议中应明确约定保密期限，虽然法律规定劳动者保守秘密的义务不因劳动合同的解除、终止而免除，但商业秘密存在过期、被公开或被淘汰的情况，因此最好还是约定保密义务的起止时间，以免引起不必要的纠纷。

（4）明确双方的权利、义务

在保密协议中应明确约定如何使用商业秘密、涉及商业秘密的职务成果的归属、涉密文件的保存与销毁方式等内容，有特殊条款的还应以列举方式进行约定。

此外，根据《劳动合同法》第二十三条和第二十五条的规定，除了员工违反服务期约定或违反竞业限制义务两种情形之外，企业不得与员工约定由员工承担违约金。因此，保密协议中不得约定员工泄露企业商业秘密时应当支付违约金，只能要求员工赔偿由此给企业造成的损失，保密协议中可约定违反保密义务的赔偿内容以及计算赔偿数额的方式。

（5）谨慎约定竞业限制条款

虽然竞业限制条款可约可不约，但不可否认竞业限制条款是商业秘密有力的保护伞。需要注意的是，必须明确约定竞业限制的期限和义务、经济补偿标准、经济补偿的支付时间以及条款解除的条件，否则稍有不慎，企业就有可能陷入支付高额经济补偿金的危险。

（6）确定争议解决机构

保密协议中可以约定争议解决机构，但争议解决机构必须确定、唯一，不能既约定选择仲裁机构又约定选择法院，不能既约定选择A地又约定选择B地的仲裁机构或法院，否则该条款无效。

每个企业需要保密的情形不尽相同，如何签订保密协议以更好地保护用人单位的权益还需具体情况具体分析。

二、任务演练

（一）拟订保密协议

某公司新招聘了一名高级技术人员，需要与他签订保密协议，请按以下模板来拟订保密协议。

保 密 协 议

甲方（用人单位）：

法定代表人（主要负责人）：

地址（住所）：

乙方（员工）：

住址：

身份证号码：

在工作过程中，甲方将向乙方披露或乙方将从甲方知悉保密信息。为保护甲方的合法权益，经协商一致，甲乙双方特就保密事宜签订本协议。

第一条　保密信息

第二条　保密义务

第三条　保密期限

第四条　违约责任

第五条　法律适用及争议解决

第六条　附则

1. 本协议经双方签字盖章生效。

2. 本协议一式两份，双方各执一份，各份具有同等法律效力。

甲方（盖章）： 乙方（签字）：

法定代表人（签字）：

日期： 日期：

（二）分析以下保密协议的正文开头部分，指出存在的问题

鉴于以下情况：

1. 甲方已于2020年4月1日与乙方签订劳动合同，甲方聘请乙方担任高级技工工作。

2. 乙方在担任甲方高级技工工作期间，将可能知悉或使用甲方的商业秘密，也可能因履行职务而产生发明创造、作品、计算机软件、技术秘密或其他商业秘密信息。

3. 乙方充分意识到，甲方的商业秘密，包括乙方因履行职务而产生的知识产权等均属甲方之财产，该商业秘密的对外泄露、被第三方非法使用等将造成甲方重大经济损失。

4. 乙方在甲方任职，将由甲方支付相应报酬，有义务保守甲方的商业秘密。

经友好协商，甲乙双方就乙方在任职期间及离职以后保守商业秘密的有关事项，订立下列条款，以共同遵守。

三、任务评价指标与标准

评价内容	配分	评分标准	得分
保密协议的形式规范，内容符合法律规定和现实需要	50分	准确、简洁，严谨、规范；条款清晰明白，语言没有歧义；符合《劳动合同法》相关规定	
正文开头包括签订保密协议的依据、原因、目的，紧接着转入主体等内容	50分	能充分肯定该保密协议的开头；语言准确、简洁	
合计	100分		

四、学习与运用

1. 填空题

保密协议一般包括（　　）、（　　）、（　　）、（　　）四个部分。

2. 选择题（多项）

保密协议的内容包括（　　）。

A. 明确保密信息范围

B. 明确保密主体

C. 约定保密期限

D. 明确双方的权利、义务

E. 谨慎约定竞业限制条款

F. 确定争议解决机构

任务三　制作竞业限制协议

一、知识准备

（一）竞业限制协议的定义

竞业限制，是指知悉本单位商业秘密或者其他对本单位经营有重大影响的劳动者，在终止或解除劳动合同后的一定期限内，不得在生产同类产品、经营同类业务或有其他竞争关系的用人单位任职，也不得自己生产与原单位有竞争关系的同类产品或经营同类业务。

限制时间由当事人事先约定，但不得超过二年。竞业限制条款在劳动合同中为延迟生效条款，也就是劳动合同的其他条款法律约束力终结后，该条款才开始生效。

（二）竞业限制的相关法律规定

《劳动合同法》第二十三条和第二十四条对于竞业限制做了相关规定：

用人单位与劳动者可以在劳动合同中约定保守用人单位的商业秘密和与知识产权相关的保密事项。对负有保密义务的劳动者，用人单位可以在劳动合同或者保密协议中与劳动者约定竞业限制条款，并约定在解除或者终止劳动合同后，在竞业限制期限内按月给予劳动者经济补偿。劳动者违反竞业限制约定的，应当按照约定向用人单位支付违约金。

竞业限制的人员限于用人单位的高级管理人员、高级技术人员和其他负有保密义务的人员。竞业限制的范围、地域、期限由用人单位与劳动者约定，竞业限制的约定不得违反法律、法规的规定。在解除或者终止劳动合同后，前款规定的人员到与本单位生产或者经营同类产品、从事同类业务的有竞争关系的其他用人单位，或者自己开业生产或者经营同类产品、从事同类业务的竞业限制期限，不得超过二年。

(三) 竞业限制协议的制作要求

竞业限制协议一般包括标题、约首、正文、约尾四个部分。

1. 标题

竞业限制协议标题的写法一般有三种：①当事人名称+事由+文种，如“××公司竞业限制协议”；②事由+文种，如“竞业限制协议”；③以文种名称为标题，如“协议”。

2. 约首

约首包括当事人单位名称或代表人、代理人姓名，通常用“甲方”“乙方”等来代称。约首左右并列、上下分列、前后连写均可，以下是常见的一种。

竞业限制协议

甲方（单位名称）：
法定代表人（主要负责人）：
地址（住所）：
乙方（乙方姓名）：
住址：
身份证号码：

3. 正文

正文由开头、主体、结尾三个部分组成。

正文的开头部分一般简要写明签订本协议的依据、原因、目的，紧接着转入主体。

正文的主体部分主要涉及竞业限制协议事项的内容、双方的权利与义务、违约责任、有效期限、解决违约的办法。

正文的结尾部分通常标明本协议共一式几份、保存情况、附件等。常用的表述是“本协议一式两份，甲乙双方各执一份，自双方签字或盖章之日起生效”。

以下是某公司和员工签订的竞业限制协议的正文部分示例。

鉴于乙方在甲方任职期间已知悉甲方的商业秘密和与知识产权相关的保密事项，并已与甲方签订了保密协议，为防止出现针对甲方的不正当竞争行为，保护甲方的合法权益以及乙方合理流动的权利，依据《中华人民共和国劳动法》《中华人民共和国劳动合同法》《中华人民共和国反不正当竞争法》及其他法律法规之规定，本着合法、公平、平等自愿、协商一致、诚实信用的原则，订立本协议。

第一条　竞业限制的范围、期限及乙方基本义务

1. 未经甲方同意，乙方在职期间不得在____________（范围）、____________（地域），生产/经营甲方（含甲方关联公司，以下同）同类的产品、业务或者为他人生产/经营甲方同类的产品、业务或者从事与甲方商业秘密有关的产品的生产/经营。

2. 不论因何种原因，甲乙双方劳动关系解除或终止后2年内，乙方不得在____________（范围）、____________（地域）到与甲方生产/经营同类产品、从事同类业务的有竞争关系的其他用人单位，或者自己开业生产/经营同类产品、从事同类业务，或者从事与甲方商业秘密有关的产品的生产/经营。

3. 乙方在职期间或离职后2年内，不得在与甲方有竞争关系的单位内任职或以任何方式为其提供服务。

4. 乙方在职期间及从甲方离职后，乙方承担的其他义务包括但不限于：不泄漏、不使用、不使他人获得或使用甲方的商业秘密；不传播、不扩散不利于甲方的消息或报道；不直接或间接地劝诱或帮助他人劝诱甲方员工或客户离开甲方。

第二条　相关定义

甲方关联公司是指甲方下属的分公司、子公司或者甲方参股、控股的企业或者甲方控股股东参股、控股的企业。

第三条　补偿条款

乙方在甲方或甲方关联公司工作期间履行竞业限制和保守商业秘密义务是其作为员工的义务，甲方无须给乙方任何补偿金。乙方从甲方或其关联公司离职后按双方约定履行竞业限制义务的，甲方应给予竞业限制补偿金。

第四条　竞业限制开始及终止时间

1. 乙方从甲方离职时，应提前与甲方确认其是否开始离职后的竞业限制义务。甲方如确认乙方有竞业限制必要，应发给《竞业限制开始通知书》，乙方离职后竞业限制义务开始；甲方如确认乙方无竞业限制必要，应发给《竞业限制终止通知书》，乙方无须承担离职后竞业限制义务。

2. 乙方从甲方离职时未提出确认申请的，其离职后竞业限制义务自其离开甲方的工作岗位之日起自动开始，竞业限制期内乙方可以向甲方提出竞业限制确认申请，甲方确认乙方有竞业限制必要并发给《竞业限制开始通知书》后，乙方可以开始领取竞业限制补偿金，但在此之前的竞业限制补偿金视为乙方主动放弃。甲方确认乙方无竞业限制必要时应发给《竞业限制终止通知书》，乙方竞业限制义务终止，在此之前即使

乙方履行了竞业限制义务也无权领取补偿金。

3. 甲方认为乙方已无竞业限制必要的，有权随时发出《竞业限制终止通知书》，通知乙方终止其竞业限制义务，自通知按乙方本协议中提供的通信地址发出之次日起，乙方竞业限制义务终止，甲方应按乙方已承担竞业限制义务的时间支付竞业限制补偿金。

4. 乙方不得单方面终止自己的竞业限制义务。

第五条　竞业限制补偿金支付标准

乙方每月的补偿金数额为乙方离职前12个月月平均工资（以每月实发工资为准）的30%，竞业限制补偿金的支付起算日为乙方从甲方离职之次日，不满一个月的按日历天数计算乙方应得的竞业限制天数补偿金。

第六条　竞业限制补偿金发放时间及条件

乙方的竞业限制补偿金由甲方按月向其支付。乙方领取补偿金时，应向甲方出示当前的工作单位和职务情况证明，经甲方向乙方工作单位确认后方可领取。乙方逾期一个月未能向甲方提交上述证明的，视为放弃该月的补偿金。

乙方指定在甲方开具的工资卡账户为甲方支付竞业限制补偿金的专用账户，乙方变更该银行账户的，应提前书面通知甲方，若导致甲方无法支付竞业限制补偿金，甲方有权向有关部门提存该补偿金，由此产生的提存费用由乙方自行承担。

第七条　其他

乙方被新单位录用后应在一周内将新单位的名称及乙方的职位通知甲方，同时乙方应将自己负有竞业限制义务的情况告知其新单位。

第八条　违约责任

1. 乙方违反本协议约定的竞业限制义务的，应立即与新单位解除关系，继续履行本协议，并按照违约期间本协议约定的竞业限制补偿金的两倍支付违约金；无法确定违约时间长短的，按照一年计算。甲方因此而受到的经济损失大于该违约金的，乙方应赔偿甲方因此受到的全部损失。损失额按照以下三种方式计算，以计算结果最高的为准：

（1）甲方获取或开发该产品的全部费用；

（2）甲方相关业务因此损失的利润；

（3）竞争单位相关业务因此取得的利润。

无法按照上述三种方式计算出甲方经济损失的，则乙方应承担的甲方经济损失总金额为乙方从甲方离职前一年工资收入的50倍。

2. 甲方追究乙方违约责任所产生的经济损失由乙方承担，包括但不限于律师费、差旅费、调查取证费、诉讼费/仲裁费/公证费等。

3. 乙方因违约行为所获得的收益应归甲方所有。

第九条 协议终止情形

1. 乙方所掌握的甲方重要商业秘密和与知识产权相关的保密事项已经公开，而且由于该公开致使乙方对甲方的竞争优势已无重要影响的。

2. 乙方按协议约定履行了工作证明义务，而甲方拒绝向乙方支付竞业限制补偿金的。

3. 甲方单方面解除本协议的。

本协议终止之日，乙方不再承担竞业限制义务，甲方也不再向乙方支付竞业限制补偿金。

第十条 双方因履行本协议发生争议，可协商解决；协商不成或不愿意协商的，可向甲方所在地劳动争议仲裁委员会申请仲裁。

第十一条 双方确认，在签署本协议前已仔细审阅过协议的内容，并完全了解协议各条款的法律含义。如本协议所依据的国家和地方法律法规发生变化，则以国家和地方法律法规规定为准。

第十二条 双方确认，双方相互送达的任何文件，均以中国邮政快递方式寄出至本协议中双方约定的通信地址，且只要双方按该地址寄出即视为送达，而无论对方是否签收。

任何一方变更通信地址均应以书面形式及时通知对方，否则视为未变更，对方按原通信地址寄出文件即视为送达。

第十三条 本协议一式两份，甲乙双方各执一份，自双方签字盖章之日起生效，具同等法律效力。

4. 约尾

约尾包括竞业限制协议的双方当事人署名（全称），盖章，签订协议的时间、地点等。

（四）竞业限制协议制作的注意事项

1. 合适的竞业限制对象

竞业限制协议限制的是劳动者到生产同类产品或经营同类业务且具有竞争关系或其他利害关系的单位内任职，或自己生产经营与原单位有竞争关系的类似产品或业务。

并非所有的员工都必须签订竞业限制协议，只有掌握公司秘密的员工才有签订竞业限制协议的必要。一般情况下，竞业限制的对象主要是由于工作关系可接触到公司的商业秘密或经营信息的员工，包括公司的决策人员（董事、经理、股东及合伙人等）、文秘人员、财务人员、高级研究与技术开发人员、处于关键岗位的技术人员、档案保管人员、市场计划与营销人员、公关人员以及曾经在上述岗位任职的在一定期限内的离退休人员。对于一般职位的员工，能在工作中有意或者无意接触到公司商业秘密的，也可以与其签订竞业限制协议。

2. 竞业限制的时间不能过长

《劳动合同法》第二十四条规定，竞业限制的时间不得超过 2 年。因此，员工在 2 年后或者约定的竞业限制时间结束后可以从事类似工作，单位不得限制也无权限制。

3. 需支付劳动者经济补偿金

竞业限制实际上限制了员工找新工作的机会，劳动者本可以利用其优势为自己谋求一份待遇更好的工作，但因竞业限制协议的存在，员工不得不抛弃自己的部分优势，因而竞业限制协议造成了员工的损失。

单位和劳动者可以就经济补偿的标准、支付形式等进行协商，达成一致的，即为补充约定，该约定对双方当事人均有效，当事人均应按约定履行；不能协商一致的，则一般按法定标准支付。

如果单位不约定竞业限制经济补偿金或不实际支付该经济补偿金，竞业限制约定条款对劳动者无效。

4. 竞业限制协议的内容需明确

竞业限制的范围、地域、期限由用人单位与劳动者约定，竞业限制的约定不得违反法律、法规的规定。竞业限制需要明确竞业限制的工作范围和地域范围，不能要求员工所有的工种和所有的地方都不能前往工作，这对员工是不公平的。

5. 竞业限制协议应约定违约责任条款

根据《劳动合同法》的规定，对违反竞业限制义务的情形，企业不仅可以与劳动者约定在劳动者违反竞业限制协议时应赔偿用人单位的损失，还可以与劳动者约定违约金。

二、任务演练

（一）修改竞业限制协议条款

某企业（甲方）为了保护自身的商业秘密和其他合法权益，与劳动者小周（乙方）

签订了竞业限制协议。请你根据《劳动合同法》第二十三条、第二十四条的规定对该协议的第九条进行修改。

第九条　乙方承担公司商业秘密保密义务，不得泄露、使用或者允许他人使用公司商业秘密，不得在聘用期间个人擅自使用或允许他人使用公司的商业秘密从事经营活动。

因聘用合同期满、辞职、辞退或擅自离职等原因离开公司，乙方二年内不能在与公司生产同类产品或经营同类业务或与本公司有竞争关系及其他利益关系的单位内任职，不能自己生产经营与公司有竞争关系的同类产品或业务，不能利用其掌握本公司的商业资料或秘密为自己或他人谋取利益或从事经营活动。若违反或造成公司技术、商业秘密泄露、被侵害等，在停止侵害等行为的同时，乙方愿意支付甲方违约金30万元，另支付甲方赔偿金20万元。乙方履行二年义务期间或以后，乙方同意甲方不需要进行任何补偿。

（二）分析竞业限制协议正文开头部分的优劣

鉴于乙方在甲方任职期间已知悉甲方的商业秘密和与知识产权相关的保密事项，并已与甲方签订了保密协议，为防止出现针对甲方的不正当竞争行为，保护甲方的合法权益以及乙方合理流动的权利，依据《中华人民共和国劳动法》《中华人民共和国劳动合同法》《中华人民共和国反不正当竞争法》及其他法律法规之规定，本着合法、公平、平等自愿、协商一致、诚实信用的原则，订立本协议。

三、任务评价指标与标准

评价内容	配分	评分标准	得分
熟悉《中华人民共和国合同法》《中华人民共和国劳动合同法》等法规中对竞业限制协议的要求，如需支付劳动者经济补偿金等	50分	简单、准确、严谨，如能对“乙方同意甲方不需进行任何补偿”进行修改	
了解竞业限制正文开头的内容要点：签订本协议的依据、原因、目的，紧接着转入主体	50分	简单、准确、严谨，能充分肯定该开头部分	
合计	100分		

四、学习与运用

简答题

（1）制作竞业限制协议有何注意事项？

（2）竞业限制协议正文的开头、主体、结尾三个部分分别应该包含哪些内容？

任务四　撰写培训协议

一、知识准备

（一）培训协议的定义

这里所说的培训协议是指用人单位和劳动者之间签订的关于培训的协议。《劳动合同法》第二十二条规定：用人单位为劳动者提供专项培训费用，对其进行专业技术培训的，可以与该劳动者订立协议，约定服务期。“专项培训”是指专业技术培训，包括专业知识和职业技能等，员工的上岗培训、安全生产教育不属于此列。一般来说，公司使用国外机器或引进国外项目，把劳动者送到国外去培训，以便将来从事相关工作，是比较典型的“专项培训”。

（二）培训协议的撰写要求

培训协议和其他协议一样，包括标题、约首、正文、约尾四个部分。

1. 标题

标题的写法可以选择以下三种形式中的任何一种：①当事人名称+事由+文种，如“员工培训协议”；②事由+文种，如“培训协议”；③以文种名称为标题，如“协议”。

2. 约首

约首一般是双方基本信息，有时也会把培训协议的编号作为约首的一部分。

3. 正文

正文主要涉及双方权利义务、服务年限等。以下示例是某公司员工培训协议的正文部分。

为提升乙方的综合素质及职业技能，甲方鼓励并支持乙方参加公司组织、举办的在职培训。为确保乙方圆满完成培训任务，实现甲乙双方的共同发展，根据《中华人民共和国劳动法》《中华人民共和国劳动合同法》及其他法律法规之规定，本着合法、公平、平等自愿、协商一致、诚实信用的原则，订立本协议。

一、培训内容

第一条　甲方根据岗位需求为乙方提供____________方面的培训。培训方式由甲方根据实际需要安排。

第二条　甲方安排乙方到____________（培训地）接受专门技术培训。

二、培训费用

第三条　甲方负责和承担乙方接受此次培训的全部费用，包括：

1. 委托其他单位对乙方进行培训所支付的培训费；
2. 乙方培训期间的住宿费；
3. 乙方培训期间为培训所支出的交通费；
4. 乙方在培训期间因为培训事宜所支出的其他合理费用。

以上费用需经公司财务部及人力资源部审核后，才可根据实际票据进行结算。

第四条　乙方因个人生活需要支出的费用（非培训费用项目支出的），由乙方自行承担。

三、服务期限

第五条　甲方按照本协议约定出资支持乙方参加培训。乙方应保证参加培训后在甲方服务期不低于____年，自培训结束返岗之日起开始计算。如双方已经签订的劳动合同期限短于本协议约定服务期的，则劳动合同期限自动延续到本协议约定的服务期届满之日止。

第六条　乙方应学以致用，把培训获取的技术、知识充分应用在实际工作中，完成甲方安排的工作任务。

四、甲方的权利与义务

第七条　甲方有权根据公司的经营状况，自主决定乙方的培训进程。

第八条　甲方保证乙方在学习与培训期间享受规定的待遇，并有权对乙方的学习情况进行检查监督、对乙方在学习培训中的不良表现进行惩处。

第九条　甲方有权根据乙方的阶段性培训效果来决定乙方的培训进程，对培训效果不良的，有权立即终止本协议。

五、乙方的权利与义务

第十条　乙方在学习与培训期间，享有甲方规定的相关待遇。

第十一条　乙方保证在学习与培训期间，自觉遵章守纪，努力学习，完成培训任务；保证在培训期内定期（每隔____日）与甲方沟通，汇报学习情况。

第十二条　乙方保证在培训期内自觉维护自身安全健康和甲方一切利益，维护甲方形象。

第十三条　乙方保证在培训期结束后，继续在甲方工作，服从甲方安排。

六、违约责任

第十四条　在培训结束时，乙方未能完成培训目标任务的，全部培训费用由乙方自行承担。

第十五条　乙方在培训期内违反培训单位的管理规定，被培训单位退回或者要求甲方召回的，全部培训费用由乙方自行承担。

第十六条　乙方在培训期内违反甲方的规定或者损坏甲方形象和利益的，全部培训费用由乙方自行承担，给甲方造成损失的，还应赔偿相应损失。

第十七条　培训期内乙方单方中止培训或者解除培训协议、解除劳动合同的，乙方因个人原因不能履行服务期协议，或乙方严重失职或违反劳动合同中的条款而被甲方辞退、解除劳动合同的，乙方除应向甲方返还甲方为此实际支出的全部培训费用外，还应赔偿甲方因此造成的损失。

第十八条　乙方接受培训后如未按照甲方服务期要求执行的，乙方应按服务逐月等分递减的原则向甲方支付培训补偿费。培训补偿费计算公式为：

培训补偿费=培训所花费用×（应履行的服务期−培训结束返岗后的实际服务期）÷应履行的服务期

七、协议的终止和解除

第十九条　双方协商一致，可以变更、提前终止或解除本协议。

第二十条　甲方因经营状况或者经营方针的变更等，可以随时书面通知乙方终止或者解除本协议。

八、其他

第二十一条　本协议一式两份，甲乙双方各执一份，自签字盖章之日起生效。

4. 约尾

约尾部分通常包括当事人署名（全称），盖章，签订协议的时间、地点等。

（三）培训协议的法律依据

根据《劳动合同法》第二十二条的规定，用人单位为劳动者提供专项培训费用，对其进行专业技术培训的，可以与该劳动者订立协议，约定服务期。劳动者违反服务期约定的，应当按照约定向用人单位支付违约金。违约金的数额不得超过用人单位提供的培训费用。用人单位要求劳动者支付的违约金不得超过服务期尚未履行部分所应分摊的培训费用。用人单位与劳动者约定服务期的，不影响按照正常的工资调整机制提高劳动者在服务期期间的劳动报酬。

（四）培训协议的撰写注意事项

《劳动合同法》规定，企业安排劳动者培训的，可以约定服务期。但是这有两个前提条件：一是企业支付了专项培训费用，二是该培训性质是专业技术培训。只有满足这两个条件，企业在培训协议中约定的服务期限才是合法有效的。但是对前面两个前提条件的具体判定标准要按照国家相关规定来确定。

培训对于企业和员工都是很有利的事情，但是受训员工在培训后就另谋高就的现象比比皆是，使得企业的培训投入“付诸东流”，对此，企业应做好“防患于未然”的工作，尤其是要与员工签订书面培训协议，对培训费用、服务期和违约责任等作出明确规定，以最大限度保护企业的利益，降低争议处理成本。

培训协议撰写时应该注意以下六点。

1. 确定受训人员

对何种类型的员工提供出资培训，需要企业综合考虑各方面的情况作出决定。对试用期员工投入的培训费不要太多，只进行一些入职培训即可。试用期的员工应当尽量排除在专项培训外，以避免其违反服务期约定而企业却索赔无门的尴尬。

2. 明确培训费用

培训协议中应明确约定培训费用的数额和所包括的项目，如果培训前无法确定的，应明确费用的支付依据和支付标准，并规定由劳动者先行垫付，培训结束后凭有效票据报销。对于培训期间的待遇要明确，如出国期间的补贴、工资福利、保险等。在培训协议中要写明培训费包括什么费用，不包括什么费用，以防在员工违约时引起争议；要明确在培训期间的住宿标准、交通费，以及较长时间的培训是否有探亲假等。对于中途退学（因个人原因）的员工要有明确的处罚标准，并要在培训协议中写明。

3. 约定合理的服务期限

对于服务期限要明确标明，特别是如果员工参加了多次培训要应用有关数学公式将培训服务期限写清楚，要注意累加计算问题。另外，根据国家有关培训服务期限的规定，培训费用应逐年递减。

企业在订立培训协议时，切忌约定过长的服务期，否则，过长的部分将会因显失公平，被认定为无效或可撤销，对劳动者丧失约束力。例如，有企业提供一次3个月的出资培训，却为员工约定10年的服务期，这显然是不妥当的。一般来说，服务期以3~5年为宜。

培训协议可作为劳动合同的附件，如果培训协议的服务期限未到，企业与员工在续签劳动合同时应将培训服务期限与劳动合同期限保持一致。

4. 约定培训期间的待遇

法律对于培训期间员工工资和福利待遇的支付没有作出强制性规定，因此，企业可以根据具体情况，与劳动者协商确定培训期间的工资和福利待遇支付标准。员工脱产培训期间未向企业提供正常劳动，因此，可以约定企业不支付工资或仅支付最低工资。

5. 明确违约金标准

用人单位应当利用好法律赋予的权利，明确劳动者违反服务期约定的违约责任。在确定违约金的数额或计算方法时，应严格遵守法律关于违约金上限的规定，不能随意扩大。约定的违约金数额不能超过公司支出的培训费用。同时，员工在离职时实际需支付的违约金数额是尚未履行的服务期所应分摊的培训费用，而非全部的培训费用。公司与员工约定服务期后，还要按照正常的工资调整机制提高员工在服务期内的劳动报酬，培训协议的签订不能影响员工的正常工资调整。

6. 确保培训效果

培训协议中要写明在培训结束后或中途对于员工本人要有一个评价，可以由本人写一份学习总结。对于重要的培训，可注明在培训结束后企业根据培训考核结果，有权调整员工工作或给予有关职位。

委派员工出国培训，应尽可能让员工到外方总部受训，以便管理。若企业与国际培训机构签订委托培训协议，要注意约定保证受训人员回国、回委托企业的有关事宜，如培训合格证书、职称证书等应交企业，由企业发给被委派培训的员工。尽量避免受训人员在培训期间发生跳槽、出逃等事件。

二、任务演练

(一) 拟订培训协议标题

GT 公司拟花一大笔专项培训费用对员工牛某等人进行培训，公司人力资源管理专员正在拟订培训协议，请你为这份培训协议拟订标题。

(二) 修改培训协议

以下是公司人力资源管理专员撰写的培训协议。请你对照培训协议的结构和撰写注意事项，对该协议进行修改。

员工培训协议

为了构建稳定、和谐的劳资关系，明确甲乙双方的权利和义务，根据《中华人民共和国劳动合同法》《中华人民共和国劳动合同法实施条例》的有关规定，甲乙双方在自愿、平等互惠、协商一致的基础上达成如下条款，以共同遵守。

一、甲方的权利义务

二、乙方的权利义务

甲方：(盖章)　　　　乙方：(签字)

法定代表人：(签字)

三、任务评价指标与标准

评价内容	配分	评分标准	得分
标题的三种写法：①当事人名称+事由+文种；②事由+文种；③以文种名称为标题	50 分	简单、严谨	
培训协议一般包括标题、约首、正文、约尾四个部分，内容符合法律规定和现实需要	50 分	准确、简洁、严谨，符合《劳动合同法》相关规定	
合计	100 分		

四、学习与运用

1. 选择题

以下协议标题的写法正确的是（　　）。

A. 当事人名称+事由+协议

B. 事由+协议

C. 协议

D. 以上都不对

2. 判断题

协议就是合同，合同就是协议，培训协议也可以写成培训合同。（　　）

任务五　撰写实习协议

一、知识准备

（一）实习协议的定义

实习就是在实践中学习，大中专学生在毕业之前去企业都算实习生。现实中，有的企业因近期项目较紧张，招聘实习生来干活，没有转正资格；有的企业想要为自己培养明年入职的员工，则提供优秀实习生可转正政策，福利待遇会和正式员工一样，薪资则为实习生薪资，通过考核后成为正式员工。实习对企业有非常重要的作用：实习提供了观察一位潜在员工工作情况的方法；为企业未来发展培养骨干技术力量与管理者；刚毕业的学生可塑性强，易于管理，人工成本相对较低，有利于企业争夺人才和长远发展。

实习协议是指实习单位与实习生之间签订的双方协议。这里的实习单位就是指用人单位，实习生指的是大中专学生。针对大中专学生来说，实习协议还包括学校、用人单位与应届毕业生之间就实习签订的三方协议。实习三方协议有固定的模板和内容要求，一般由学校制定，这里探讨的主要是实习双方协议。

（二）实习协议的撰写要求

实习协议与其他协议一样，包括标题、约首、正文、约尾四个部分。

1. 标题

实习协议的标题可以按照一般协议的三种写法来写，常见的标题为“实习协议”。

2. 约首

实习协议的约首要写明签订协议双方的信息，主要是单位名称和个人姓名、身份证号码等，并注明一方是甲方，一方是乙方，便于在正文中称呼。

3. 正文

正文开头是说明签订协议的目的、原因、依据，紧接着可用程式化语言转入主体，如“现对有关事项达成协议如下”。主体要求就协议有关事宜作出明确的、全面的说明，尤其要写好协议双方的权利和义务。以下示例是××公司的实习协议中关于实习生权利义务的规定。

（一）实习生的权利和义务

1. 实习期间实习生须与公司签订实习协议（一式两份）并且严格遵守。

2. 实习生在实习工作正式开始前，须了解公司相关规章制度（包括保密制度和规定）。

3. 实习生按照学校安排完成其实习报告的同时，须接受公司对其实习表现和岗位工作的考核。

4. 实习生需公司提供实习鉴定的，在实习生写好实习报告后，公司可依据其实习表现情况进行鉴定盖章。

5. 实习生在工作期间表现突出的，列为重点培养和优先招聘对象。

正文条款内容主要包括实习岗位及内容、实习期限、实习待遇、实习纪律、双方权利义务、违反条款的责任处理等。

4. 约尾

实习协议落款应写明签订协议双方当事人的名称，并加盖公章，最后写上签订协议的日期。

（三）撰写实习协议的注意事项

1. 基本信息要透明

基本信息包括协议双方的必要资料，如实习生姓名、证件号码、所属学校名称等。

为了避免争议发生时无法联系到当事人，实习协议上最好还要有实习生的联系方式和住址，学校的法定代表人和联系方式等。同时，实习生要注意与自己签订实习协议的单位是否是合法设立的单位。

2. 实习工作内容要明确

实习生到实习单位后，往往缺乏经验，难以做一些技术含量高的工作。实习单位往往将一些技术含量低的杂活交给实习生完成，以至于有些实习生觉得单位给他们做的工作太基础，体现不出自己的价值，影响实习的效果。通过实习协议事先约定清楚，明确实习工作内容，让实习生有心理准备，可以保证实习的有效性。

3. 实习待遇要具体

实习协议中实习待遇是实习生普遍关心的问题。如实习期内工作时间的约定，可约定每日不超过 8 小时，如确因特殊情况超过 8 小时的，可以约定相应的加班时间和报酬。

实习期间因为实习生与实习单位之间不是劳动关系，实习津贴可以双方协商，不需遵守当地最低工资标准。实习生解除协议，单位也不需支付经济补偿金等费用。教育部等五部委印发的《职业学校学生实习管理规定》第十七条对顶岗实习的实习生待遇有原则性指导："接收学生顶岗实习的实习单位，应参考本单位相同岗位的报酬标准和顶岗实习学生的工作量、工作强度、工作时间等因素，合理确定顶岗实习报酬，原则上不低于本单位相同岗位试用期工资标准的 80%，并按照实习协议约定，以货币形式及时、足额支付给学生。"实习协议要落实的要点之一是实习有没有报酬。有些实习是没有报酬的，实习单位完全是提供给实习生一个了解社会的机会。如果提供报酬，实习协议中必须明确约定报酬的标准和支付方式。例如，报酬按天计算或者按月结算，报酬何时以何种方式支付也很重要。实习协议中应该明确约定支付的时间以及相应的违约责任。

实习生在实习期知识产权归属的约定等内容也应该在实习协议中具体规定。

4. 意外风险要防范

实习协议中需要约定风险责任的承担。例如，实习生在工作中，如果损坏了一些贵重物品该如何处理，如果过错导致损失了重要的业务收入该如何处理等。虽然通常情况下，实习生参与不了重要工作，一般不会造成这样的损失。但是一旦发生，有所约定有利于解决问题。此外，最大的一个风险是实习生的自身伤害。如果实习生在工作中发生人身伤害，特别是造成严重后果的伤害，其责任该由哪方来承担。最高人民法院司法解释中对于雇用活动中的人身伤害有过规定，默认情况下，雇用单位要承担法律责任。而实习生没有社会保险，因此所带来的风险相当大。实习生一般是不享受工伤待遇的，所以实习单位应与实习生约定好实习期内发生伤亡事故的处理方法，以保障双方权益。

实习过程中如果发生纠纷，最好事先在实习协议中予以明确，可约定友好协商及诉讼的处理方式。如果实习生要离开，实习单位可以根据实习约定来处理。

二、任务演练

对以下实习协议案例进行分析

某外贸公司计划接受一批高职院校的学生到公司实习，公司人力资源管理专员拟订了实习协议。

实 习 协 议

甲方（公司）：____________________

乙方（学生）：____________________

根据国家有关法律、法规和规章的规定，就乙方申请来甲方单位实习一事，甲乙双方经友好协商，约定如下：

一、实习期限自____年____月____日至学校就业派遣报到证上规定的报到时间止。

二、实习内容

1. 甲方为乙方实习提供各项便利条件。

2. 乙方应虚心向甲方业务员学习外贸技术，基本掌握外贸工作的程序和实务。

3. 乙方应根据甲方安排积极协助甲方业务员办理外贸业务，同时完成甲方交办的其他事务。

4. 乙方在实习期内应积极寻找客户，开拓业务渠道，争取在实习结束前业务能上手。

三、实习报酬

实习期间甲方根据乙方的工作态度、工作表现等给予一定的劳务费。

四、实习纪律

乙方应严格遵守国家法律、法规和甲方制定的各项规章制度，乙方在业务上受指导老师指导，行政上由甲方办公室管理，实习期满由甲方写出实习鉴定。

五、实习期间如因乙方过错造成甲方损失的，乙方应承担相应责任。

六、实习期满，若乙方符合甲方聘用条件，甲方对乙方有优先聘用权。

七、本协议自双方签字盖章之日起生效。

八、本协议一式两份，甲、乙双方各执一份。

甲方：______________________　　　　乙方：______________________

____年____月____日　　　　____年____月____日

请你分析这份实习协议结构和内容的优点及存在的问题。

三、任务评价指标与标准

评价内容	配分	评分标准	得分
实习协议一般包括标题、约首、正文、约尾四个部分，内容符合法律规定和现实需要	100 分	简单、准确、严谨	
合计	100 分		

四、学习与运用

1. 判断题

实习协议正文中应该包括实习岗位及内容、实习期限、实习待遇、实习纪律、双方权利义务、违反条款的责任处理等内容。（　　）

2. 简答题

新型冠状病毒肺炎疫情影响下实习协议内容与以往的实习协议可能有哪些区别？

任务六　拟订劳务派遣协议

一、知识准备

（一）劳务派遣协议的定义

《劳动合同法》第五十九条规定：劳务派遣单位派遣劳动者应当与接受以劳务派遣形式用工的单位（以下称用工单位）订立劳务派遣协议。劳务派遣协议是实际用工单位和劳务派遣公司之间签订的关于劳务派遣的协议。

（二）劳务派遣协议的结构

劳务派遣协议一般包括标题、约首、正文、约尾四个部分。

1. 标题

劳务派遣协议标题的写法有三种：①当事人名称+事由+文种；②事由+文种；③以文种名称为标题，如“协议”。常见的是第二种，即“劳务派遣协议”。

2. 约首

当事人单位名称或代表人、代理人姓名，通常用“甲方”“乙方”等来代称。约首左右并列、上下分列、前后连写均可。与前面所介绍的几种协议不一样的地方在于，前文中的协议都是用人单位与个人之间签订的，劳务派遣协议是单位与单位之间签订的。

3. 正文

劳务派遣协议正文首先要简要写明签订本协议的依据、原因、目的，紧接着转入主体。

劳务派遣协议的正文主体部分主要是明确签约双方的具体权利和义务。《劳务派遣暂行规定》第七条规定了劳务派遣协议应当载明的内容：派遣的工作岗位名称和岗位性质；工作地点；派遣人员数量和派遣期限；按照同工同酬原则确定的劳动报酬数额和支付方式；社会保险费的数额和支付方式；工作时间和休息休假事项；被派遣劳动者工伤、生育或者患病期间的相关待遇；劳动安全卫生以及培训事项；经济补偿等费用；劳务派遣协议期限；劳务派遣服务费的支付方式和标准；违反劳务派遣协议的责任；法律、法规、规章规定应当纳入劳务派遣协议的其他事项。

劳务派遣协议正文结尾要标明本协议共一式几份、保存情况、附件等。常用的表述是“本协议一式两份，甲乙双方各执一份，自双方签字盖章之日起生效”。

4. 约尾

约尾包括当事人署名（全称），盖章，签订协议的时间、地点等。

（三）劳务派遣协议拟订的注意事项

1. 用工单位切记要审查派遣单位是否具有合法资质

《劳动合同法》第五十七条规定了劳务派遣单位的设立条件，对此，企业若想采用劳务派遣的用工方式，作为用工单位，劳务派遣单位的合法资质不容忽视。企业作为用工单位，与劳务派遣单位签订劳务派遣协议，若该劳务派遣单位不符合《劳动合同法》规定的设立条件，则可能导致已经签订的劳务派遣协议无效。若被视为劳动者通过职业介绍机构直接向企业提供劳务，企业有可能承担与该“被派遣”员工成立劳动关系的法律风险，从而必须对其履行一系列的义务。因此，企业在与劳务派遣单位签订劳务派遣协议时，对于劳务派遣单位资质的审查，应特别谨慎。

2. 派遣协议的内容要明确

《劳动合同法》第五十九条规定，劳务派遣协议应当约定派遣岗位和人员数量、派遣期限、劳动报酬和社会保险费的数额与支付方式以及违反协议的责任。因此，用工单位应该与劳务派遣单位签订劳务派遣协议，并在协议中明确相关内容，以防止责任约定不清导致的风险。具体而言，在签订时，需注意以下问题：

（1）明确派遣岗位和人员数量

对于被派遣员工的基本信息应予以明确，同时对于工作岗位的基本情况，在协议中也应具体说明。

（2）明确劳务派遣期限

《劳动合同法》第五十九条还规定，用工单位应当根据工作岗位的实际需要与劳务派遣单位确定派遣期限，不得将连续用工期限分割订立数个短期劳务派遣协议。对此，企业作为用工单位应谨慎，规避违法规定劳务派遣用工期限带来的风险。

（3）明确劳动报酬和社会保险费的数额与支付方式

劳务派遣形成一种三方关系，企业作为用工单位与劳务派遣单位应在协议中明确被派遣员工劳动报酬和社会保险费的数额与支付方式，防止发生纠纷时出现责任不明的情况。

（4）明确违反协议的责任

《劳动合同法》第九十二条规定了劳务派遣的法律责任。因为劳务派遣协议的双方当事人为用工单位与劳务派遣单位，所以协议中涉及被派遣员工责任承担的条款，只能在用工单位与劳务派遣单位发生效力，若被派遣员工的权益在被派遣岗位上受损，则用工单位与劳务派遣单位必须承担连带责任。待承担连带责任之后，用工单位与劳务派遣单位再按原先约定承担各自的责任。

（四）劳务派遣协议示例

劳务派遣协议

用工单位（以下简称甲方）：________________

派遣单位（以下简称乙方）：________________________

为了促进就业，满足甲方的用人需求，甲乙双方经过友好、平等协商，在《中华人民共和国劳动合同法》框架内建立劳务派遣合作关系。甲方将本公司所需劳动力交由乙方统一派遣。双方经协商一致，就劳务派遣事宜签订以下协议：

一、劳务派遣人员的条件和提供劳务的方式

二、劳务派遣人员的招录与变更

三、劳务派遣人员的工资、各项社会保险费的支付

四、甲方的权利与义务

五、乙方的权利与义务

六、费用的支付

七、劳务派遣人员的日常管理

八、工伤事故处理

九、劳务派遣协议的期限

十、协议的变更、解除、终止

十一、争议解决

十二、其他

本协议正本一式两份，甲乙双方各执一份，签字盖章后生效。

甲方（盖章）：　　　　　　　　乙方（盖章）：

法定代表人/授权人签字：　　　　法定代表人/授权人签字：

____年____月____日　　　　　　____年____月____日

二、任务演练

（一）拟订劳务派遣协议

HL 公司下个季度有一项临时性的任务，需要 DX 劳务派遣公司提供 10 名派遣工，请拟订一份劳务派遣协议。

（二）分析以下劳务派遣协议内容存在的问题

第八条　工伤事故处理

被派遣员工在甲方单位（用工单位）工作期间因工负伤，甲方概不负责，工伤事故由乙方（劳务派遣单位）全权负责。

三、任务评价指标与标准

评价内容	配分	评分标准	得分
劳务派遣协议包括标题、约首、正文、约尾四个部分，内容符合法律规定和现实需要	50分	简单、严谨、准确，符合《劳动合同法》相关规定	
熟悉《合同法》《劳动合同法》等法规中对劳务派遣法律责任的规定	50分	简单、准确、严谨	
合计	100分		

四、学习与运用

1. 填空题

劳务派遣协议是（　　）与（　　）之间签订的。

2. 简答题

用工单位签订劳务派遣协议时要注意哪些问题？

项目八

人力资源文书管理

【项目说明】

本项目主要对人力资源管理文书的接收、发出、传阅以及存档等进行介绍；结合实例，学习和掌握人力资源文书形成、运转和管理的各项工作。

【项目导入】

一、主题案例

人力资源部办理发文

方盈置业发展有限责任公司成立于2002年，公司注册地为湖南省长沙市，注册资本为 8 000 万元，主营业务是房地产开发、销售、投资、运营等，坚持走细分市场与个性化的成长之路，经过持续扩张和不断努力，公司逐渐发展壮大。

2006年该公司成立了子公司——方盈工程公司。子公司自独立办公以来，由于办公地点更换了多次，办公桌椅等设施损坏严重，加之多年来办公经费紧张，各项设施及设备始终没有得到很好改善。为了改善办公环境，提高工作效率，现方盈工程公司人力资源部向上级总公司方盈置业发展有限责任公司申请追加办公经费。为此，你作为方盈工程公司人力资源部的文书人员，要按照公司发文程序办理发文。

二、学习目标

1. 理解掌握文书的行文制度，并能够按照规范进行收文办理。

2. 了解文书传阅的要求，掌握文书传阅的流程、方法，并能正确进行文书传阅。

3. 了解文书发文各环节的要求，并能按照制度进行发文办理。

4. 了解文书档案收集工作的内容与要求、归档范围与流程。

5. 了解人力资源档案管理的任务及要求，并能根据要求规范地进行人力资源档案的管理。

任务一　人力资源文书收文办理

一、知识准备

（一）收文办理的概念

收文办理是指对外单位发送到本企业的有关人力资源文书进行收进处理的一系列程序性的工作，是公文组织与管理环节的重要组成部分。收文又可分为阅知性公文和批办性公文两大类。

（二）收文办理的流程

公文收文办理的工作流程主要为签收、登记、审核、分送、传阅、拟办、批办、承办、催办、注办和归档等环节，如图 8-1 所示。各企事业单位的收文办理流程会有一定的差异，但整体上收文办理要有利于分工协作，提升工作效率，符合单位组织机构的设置。人力资源文书的收文办理流程与其他公文是一样的。

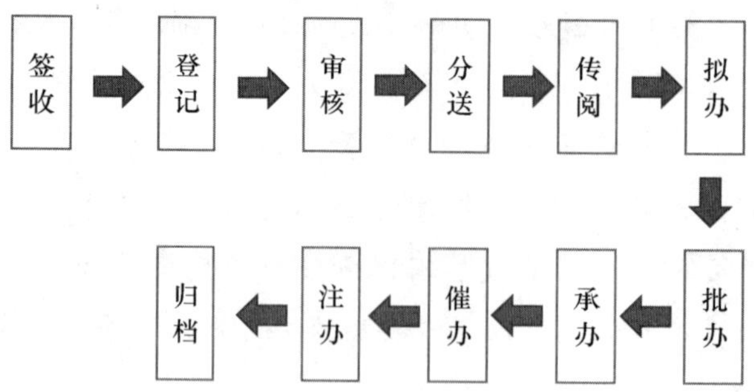

图 8-1　公文收文办理流程图

1. 签收

签收就是企业专门的文书人员收到文件材料后，在对方的传递文书单或送文登记表上签字，以表示文书已收到，急件应当注明具体签收时间，如2020年1月5日下午2：32。企业和部门负责人外出参加上级会议时带回的公文，需及时转交综合办公部门文书签收。签收的目的是明确交接双方的责任，保证公文运转的安全可靠。签收是公文办理程序的第一步，对后续公文办理和执行起到促进作用。

签收的具体操作步骤一般包括：①清点。逐件清点所收公文的数量与传递文书单或登记表上的数量是否一致。②检查。检查所收公文封套上注明的收文机关、收件人是否为本企业，核对封套编号与传递文书单上登记的是否相符，检查公文包装是否有破损、拆封等问题，如发现问题要及时退回。③签字。经过清点和检查确认无误后，在传递文书单或送文登记表上签署收件人姓名和收到日期。

签收虽然是一项看似很简单的工作，但要求收件人具备认真负责、细致耐心的职业素养，不能马虎，不怕麻烦，避免出现差错。

2. 登记

公文签收后，企业综合办公部门要逐件拆封核查登记。登记就是对收进的文件在收文登记簿上进行编号和记载文件的来源、去向，即制作收文登记表，目的是方便对收文数量进行控制与管理，便于检查收文的承办情况以及后期的查阅利用。登记需要根据公文的不同属性和功能、需要办理的时间以及办理的不同内容进行分门别类的整理，把收到的公文分好类递交给相关部门检阅处理，除事务性的通知、便函、请柬外，所有来文均属于收文登记的范围。

示例：

方盈工程公司于2020年4月10日收到了总公司下发的一份《关于开展2020年春季校园招聘工作的通知》（方盈发〔2020〕第10号），要求公司人力资源部配合总公司一起完成本项任务，并要求在收件3日内由招聘经理王帆承办，人力资源部张露收文后（文件共4页，附件有招聘登记表）进行了签收和登记，见下表。

收文登记表

序号	来文单位	文号	公文标题	页数	附件	收件人	收文日期	承办人	承办日期	归卷情况	备注
1	方盈置业发展有限责任公司	方盈发〔2020〕第10号	关于开展2020年春季校园招聘工作的通知	4	招聘登记表	张露	2020年4月10日	王帆	2020年4月13日	已归卷	
2	……										

收文登记可根据企业具体情况采用总登记或分类登记的方法。总登记适用于收文数量较少的企业，即把收到的所有文件不分类别，统一登记，按年度、收文时间的先后编号登记。分类登记适用于文件收发量多的企业，即对所收到的文件按来源或内容进行分类，然后再编号登记。文件登记项目一般应包括收文顺序号、收文时间、文件标题、密级、份数、来文单位、主送单位、签收、归卷情况、备注等。收文登记要及时，字迹要清楚，不要勾抹或涂改，对需要催办的文件，要在备注栏中加以注明。

公文登记的形式主要有三种，分别是登记簿式、卡片式和联单式。随着计算机技术的发展，计算机登记形式已经全面普及，成为公文登记的重要形式之一。同时，卡片式和联单式的登记方式也已逐渐退出历史舞台。

3. 审核

审核是指在收到公文时进行审核检查，主要由综合办公部门对公文内容、行文规则进行审查核对工作，看其是否合乎规范，对于经审核不符合规定的来文应当及时退回来文单位并说明理由。公文审核的内容一般包括以下几类：

（1）是否应当由本企业办理；

（2）是否符合行文规则；

（3）文种、格式是否符合要求；

（4）涉及其他单位或者部门职权范围内的事项是否已经协商、会签，是否符合公文起草的其他要求等。

4. 分送

分送也称分发或分办，是指文书人员在文件登记后，按照文件的内容、性质和办理要求，及时、准确地将收文分送到相关部门和承办人员阅办。分送公文要分清主次缓急，急件要优先在时限内办毕，普通文件应在收文之日起 3 日内呈交给相关部门或领导。分送的主要依据包括公文性质、重要程度、部门职能分工、涉密程度、紧急程度以及有关规定和惯例等。

5. 传阅

传阅是指相关人员在工作职责范围内传递阅读文件。一般情况下，需要传阅的文件有两种情况：一是文件经主要领导批办后需要副职领导或有关人员传阅，以掌握文件精神和主要领导的批示意见；二是来文属于抄送件，这种情况下不需要特别办理，只要求有关部门和人员阅读了解即可，收文后，文书人员将文件直接送有关部门和员工传阅。

需要传阅的公文要以文书人员为中心进行“轮辐式传阅”，即前面的相关领导或部门阅读完公文后，要送回综合办公部门，再由文书人员负责往下传，不能脱离文书人员自行传阅，以保证文书人员及时了解公文传阅情况，防止公文丢失和积压。公文在传阅过程中或公文传阅完毕后，文书人员要及时对公文进行检查，发现有领导批示时，要按批示意见进行处理。

6. 拟办

经审核符合规定的公文，企业综合办公部门要对收文应如何办理提出初步意见，以供领导批办时参考，这就是拟办。拟办提出的意见或建议包括：①在公文处理单上书写对收文办理的方案和建议，并签署拟办人姓名和日期；②对内容复杂的公文予以摘录；③查询并附上公文中涉及的有关指示或规定，为领导批办、部门的具体办理提供依据；④查询以前处理过的有关公文，供领导以及办理者参考，使需要办理的事项前后衔接，具有连续性；⑤对需要领导批办的公文分清主次缓急，依次报批，以增强批办的计划性；⑥对收文中有关数据和重要情节进行初步鉴别。拟办的意见，是一种参谋性意见或建议，协助领导及时、有效地处理文件，为领导节省了时间和精力，提高了办文效率。

7. 批办

批办是领导对文件如何办理提出最终的批示意见和要求。通常是企业主要负责人对来文作出批示，这是领导参与公文处理的重要环节，是领导行使其职权的过程，也是收文办理中最重要的程序，它决定了文件的最终处理要求，是决策性的办文环节。领导批办公文时应注意以下方面：

（1）不得越级批办；

（2）严格控制批办范围；

（3）批办意见需明确具体，切实可行；

（4）不能只阅不批；

（5）本人无法定夺的问题需拟办后呈交给更高一级领导决定。

8. 承办

承办一般是指贯彻落实文件精神和要求，按领导批示执行具体的工作任务，办理有关事宜的过程。相关领导或有关部门（单位）接到企业综合办公部门传阅的公文，要抓紧办理。紧急公文按时限要求办理，一般公文在1个工作日内办结，涉及人财物及其他需要协调解决问题的公文力争在2个工作日内办结，确有困难无法及时办理的，应当予以情况说明。

9. 催办

催办是指文书人员或有关部门对需要承办的文件进行检查督促的工作。它是公文处理中一项必要的制度和必不可少的环节，是解决公文积压和延误、加快公文办理的有效措施。企业综合办公部门负责公文催办，紧急公文跟踪催办，重要公文重点催办，一般公文定期催办。

10. 注办

注办是指文件承办部门或人员在处理完公文后对公文的办理情况和办理结果所作的说明，以备忘待查。这项工作应由承办部门或承办人员完成，承办完毕后，将情况和结果填写在文件处理单中“处理结果”处。由于注办的工作方式不同，其内容也不尽相同，主要有以下几种：

（1）不需要复文的，注明“已办”或“已阅”等字样；

（2）需要复文的，注明复文号与日期；

（3）通过口头或电话答复的，注明通话人、时间及通话内容；

（4）会议解决的，注明会议名称、与会人员与结果；

（5）现场办公解决的，注明参加者、时间、地点、结果等。

11. 归档

归档是收文办理中的最后一步，由文书人员将办理完毕且有保存价值的文件，经系统整理交档案室保存的过程。

二、任务演练

（一）完整准确地进行日常人力资源相关文书的收文办理，并掌握各个环节的操作技能

2019 年年初，方盈置业发展有限责任公司人力资源部在总经理办公会议上通过了关于调整公司专技人员和管理人员绩效考核方式的方案。2019 年 4 月 3 日总公司正式发文，4 月 8 日，方盈工程公司收到了总公司下发的《关于调整公司专技人员和管理人员绩效考核方式的通知》。作为方盈工程公司的人力资源部工作人员，将如何进行收文，请写出收文流程及各环节的具体操作。

（二）请根据下列情景对收到的文件进行拟办

2020 年年初，由于我国受到新型冠状病毒肺炎疫情的影响，国务院办公厅下发了延长 2020 年春节假期的通知。各地企业在假期结束后开始实施居家线上办公的方案，方盈置业发展有限责任公司也推行了在家办公的计划，但由于公司业务开展的特殊性，有的部门需要派员工值班，针对这一情形，方盈置业发展有限责任公司下发了《关于新型冠状病毒肺炎疫情期间各部门员工轮流值班的通知》。方盈工程公司收到了该通知，你作为方盈工程公司人力资源部的工作人员，在进行了签收、登记和审核后，需要对该文件进行拟办，请按照规范的收文办理程序进行拟办。

三、任务评价指标与标准

评价内容	配分	评分标准	得分
掌握文书收文流程的各个环节	50 分	全面、完整、准确，理由充分	
对收到的公文进行拟办并提出合适的意见	50 分	准确、及时、简洁、具体，提出采取的措施、依据、承办部门（人员）和时限	
合计	100 分		

四、学习与运用

1. 选择题

在进行收文办理时，可不登记的文件主要有（　　）。

A. 上级机关的来文

B. 下级机关的来文

C. 各种公开发表的文件

D. 事务性通知、便函、请柬

2. 简答题

简要论述企业人力资源管理部门收文的主要流程。

任务二　人力资源文书传阅

一、知识准备

（一）文书传阅的概念

文书传阅是人力资源公文处理的一项重要工作，是企业上情下达、下情上传、联系左右、沟通内外的重要渠道。人力资源文书传阅就是人力资源部门专职人员按照领导签署的传阅意见，及时将来文送有关领导和部门人员阅知。传阅工作中需注意的事项如下：

1. 要随时掌握公文传阅去向和进度；
2. 要控制公文传阅周期；
3. 要严格控制公文传阅范围；
4. 要减轻单位负责人阅文负担；
5. 要确保传阅安全保密；
6. 要适时将已传阅完毕的文件收回归档。

（二）传阅的程序

公文传阅的一般程序包括签收、登记、审核、拟办、批办、承办和查办等。人力资源管理的文件传阅范围应由人力资源部门领导圈定，人力资源部门专职人员负责承办。传阅的文件应附有文件传阅单，传阅人阅读完文件后，应在传阅单中的本人姓名上签名并注明阅读日期。文件传阅原则上应按文件传阅单中姓名的排列顺序进行。在传阅人阅读完文件后应及时将文件交还给人力资源部门，再由人力资源部门送给下一位传阅人。传阅完毕后的文件由人力资源部门收回归档。

（三）传阅的原则

1. 有序原则

公文传阅的顺序很重要。在实际操作中，人力资源部门专职人员既要遵循公文传阅的一般程序，又不能生搬硬套，要特殊情况特殊处理，否则可能会在领导之间造成矛盾，还会影响公文传阅的效率和质量。

2. 及时原则

公文传阅的时效性强，快速和及时是公文传阅的基本要求。一要取送及时。收到文件后，马上清点、登记、分发，保证公文及时传阅，保证公文传阅的顺畅。二要适当调整传阅顺序，有些文件传阅范围很广，需要多部门和领导阅知，如果始终按照一个固定的顺序传阅，当遇到部门领导开会或外出办事时，定会影响传阅的时间和进度，因此需要适当调整传阅顺序，加快公文传阅的进度。三是承办部门优先阅文。有的文件需要某个或某几个部门承办，并且时效要求较强，如果等所有领导都阅知后再送给部门阅处，势必耽误部门办理。主要领导阅后，即可给承办部门阅办，然后接着送其他领导传阅。四是分类设夹，区别送阅。对上级机关的批示性文件和需要办理的文件，急需处理的文件和一般参考性文件，不要全部都放在一个阅文夹内，主次、急缓不分，要分别对待，分类设夹、传阅，对急件、特急件跟踪传阅，这就保证了公文传阅的时效性。五是掌握领导阅文习惯和规律。根据领导工作安排和规律，找准时机送阅文件。

3. 安全原则

安全是公文传阅的内在要求，要确保公文传阅的安全。一要建立文件的接收和登记制度，做好文件传阅和交接的登记，做到心中有数，避免盲目传阅，一旦出现文件遗失就可快速知道问题出在哪个环节，利于查询又便于确定责任。二是杜绝文件横传。公文传阅应该以综合办公部门为中心点进行传阅。三是传阅时要由专人负责，其他人员不得代行其职，办理过程实行单线运作，纵向周转。

（四）传阅的方法

文件传阅的方法主要有三种，即轮辐式传阅法、接力式传阅法、专人传阅法。

1. 轮辐式传阅法

这是目前普遍采用的方法，是以公文传阅工作人员为中心点，以阅读审批公文的领导为外圈，由中心点开始送给第一个人阅看，第一个人看毕退回中心点，再由中心点传给第二个人看，依次类推，每传阅一人都经过中心点。公文“走过”的路线，呈车辐条状，因而得名。这种方法可以有效控制公文，完全掌握公文的行踪，避免中途积压和传递断线，还可以合理调整阅读人的次序。

2. 接力式传阅法

这种方法适用于只有一份文件且需多人阅批的公文传阅，可分为正传和倒传。正传是按阅批人排序由前往后依次传阅，一般多用于阅知性公文；倒传是按阅批人排序由后往前依次传阅，一般多用于批办性公文。

3. 专人传阅法

这种方法适用于保密要求特别严格的公文，即指定专人负责将公文在规定时间内送承办机构负责人阅批完毕。

公文传阅的各种方式在实际操作过程中并非是各自孤立存在的，而是相互联系的，有时甚至是交叉使用的。人力资源管理人员在具体操作时，要根据领导的要求和各自的工作习惯，选择合理的传阅方法，积极利用并发展多种传阅方式，但无论采取哪种传阅方式，都必须遵循及时、有序、安全的原则。

二、任务演练

及时准确地进行公文传阅

由于方盈工程公司近年来出现了多起技术人员违规违纪的问题，为了整顿违规违纪的不良现象，2020 年 4 月 10 日方盈工程公司收到了总公司人力资源部下发的一份《关于实施专业技术人员违纪违规行为处理规定有关问题的通知》。作为人力资源管理专员的你要如何将文件传阅到公司内相关部门？请写出传阅文件的过程。

三、任务评价指标与标准

评价内容	配分	评分标准	得分
文书传阅的程序、方法	100 分	传阅顺序正确，传阅方法恰当	
合计	100 分		

四、学习与运用

1. 实操题

根据本任务内容的学习，在公文传阅过程中会涉及填写传阅登记表，请你制作一份标准的公文传阅登记表。

2. 选择题

下列属于公文传阅方法的是（　　）。

A. 轮辐式传阅法　　B. 接力式传阅法

C. 专人传阅法　　D. 发散式传阅法

任务三　人力资源文书发文办理

一、知识准备

（一）发文办理的概念

发文办理是人力资源部门答复来文或根据需要向外单位主动发出文件的过程。

（二）发文办理的流程

发文办理的全过程分为两个阶段：第一阶段是起草到签发，称为制文阶段，也是发文办理的重点阶段；第二阶段从编号到归档，称为制发阶段。发文办理的流程，如图 8-2 所示。

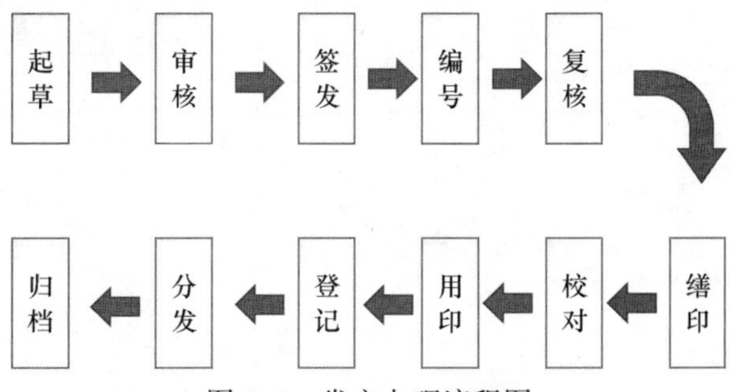

图 8-2　发文办理流程图

1. 制文阶段

（1）起草

起草，就是文件草拟的过程，即公文文稿写作，是制文阶段的起始环节，也是发文办理工作中的一个关键性环节。起草文件是发文办理的第一道程序，是关系到文件质量的基础工作，必须认真细致对待。文件草拟质量的好坏，体现了人力资源管理人员的基本功，反映了文书法定作者即企事业单位等发布任务、交流信息、开展业务的愿望和要求。

起草是一项具有很强思想性、综合性、业务性的特殊写作活动，也是一种集体的创造性劳动，对起草人的要求较高。起草人必须具有多方面的综合素质。首先，起草人需具有扎实的文字功底，熟知任务，并且草拟的公文文稿应符合领导的目的和意图，也要符合人力资源管理工作的规范和要求；其次，人力资源专业文书的撰写需要起草人具有相应的专业基础知识，熟悉相关的业务；最后，起草人需要有优良的道德品质和工作作风，在起草公文时有理有据且符合实际，不弄虚作假。发文稿纸样式，见表8-1。

表8-1　　发文稿纸样式

<table>
<tr><th colspan="7">部门名称：人力资源部</th></tr>
<tr><td colspan="3">××发〔××〕××号</td><td colspan="2">缓急</td><td colspan="2">密级</td></tr>
<tr><td>发文日期</td><td colspan="2"></td><td colspan="4" rowspan="2">会签</td></tr>
<tr><td>签发</td><td colspan="2"></td></tr>
<tr><td>标题</td><td colspan="6"></td></tr>
<tr><td>主题词</td><td colspan="6"></td></tr>
<tr><td>主送</td><td colspan="6"></td></tr>
<tr><td>抄送</td><td colspan="6"></td></tr>
<tr><td>拟稿人</td><td></td><td colspan="2">拟稿单位</td><td colspan="3"></td></tr>
<tr><td>校对人</td><td></td><td colspan="2">核稿人</td><td></td><td>登记人</td><td></td></tr>
<tr><td>附件</td><td colspan="6"></td></tr>
</table>

（正文）

（2）审核

审核也称核稿，在人力资源部门将起草的公文送负责人签发前，由公司的综合办公部门对起草的公文的内容、体式、文字等进行全面的核对检查。核稿的目的是确保发文能准确体现领导意图，防止起草人的遗漏和疏忽大意，确保发文的质量。审核从某种意义上来说是拟稿工作的延续，在实际工作中，审核和起草工作是循环往复的，审核完后再改，改后再审，因此核稿的内容应该是全面具体的。

审核主要是把好三关：行文关、文字关、政策关。这一环节通常由公司综合办公部门负责或由具有工作经验、水平较高的秘书人员承担。审核的主要内容包括以下五个方面：

1）行文的必要性。对发文条件和发文名义进行审核，如果不需行文，即可就此打住。

2）行文的方式。从公文性质、发布和传递范围、公文递送途径及公文行文方向等方面进行检查，避免违规越级上报和多头主送等问题。

3）公文的文种和内容。文种需是法规标准中规定的文种，也就是本书前面章节已讲述到的各类文种；文稿内容需符合国家法律法规和人力资源专业工作的要求。

4）公文的格式。检查公文格式是否规范、正确，符合规定。

5）公文的文字表达。详细审核文稿主题是否明确，语言表达是否符合逻辑，意思是否表达清楚。

如审核文稿不合格，对于发现的问题，要根据具体情况区分处理，主要有以下三种处理方式：

1）文稿中出现的原则性问题或具体业务问题的修改，应附上具体的修改意见后返回给起草人修改。

2）文稿中的一般性问题，则可直接进行具体修改。

3）若是人力资源部门与其他部门联合行文的文稿，应在综合办公部门审核完毕后进行“会稿”工作，可召开会议由人力资源部门和相关部门共同审核，也可依次返回有关部门征求审核意见。

审核完毕确认无误后，审核人应在发文稿纸（见表8-2）的相应栏目内签名，以示负责，再呈上级领导签发。

（3）签发

签发就是单位领导对人力资源部门的文稿进行最后的审核并签署意见的工作。签发是发文办理过程中最关键的程序，是领导行使职权的重要形式。签发的主要作用有以下两点：

1）确保公文的质量。签发人在批注签发前，需要对文稿进行又一次全面系统的审核把关，这一步骤可以及时纠正或弥补文稿中的错漏。

2）确定公文的正式效力。签发正式赋予公文法定效用，签发后的公文即为定稿，是缮印正本的法定依据。其他人未经签发人许可，不得擅自修改定稿。

人力资源部门以公司名义进行发文时，须经分管领导会签，如有涉及其他有关部门事宜，要事先与有关部门分管领导会签。

2. 制发阶段

（1）编号

文稿经领导签发和相关部门会签后，要及时编号和登记，防止发文混乱。编号即编写发文字号，同时也包括编写文件的份数序号。编号要按公文格式编排，一般由发文单位代字、发文年号和该年度发文序号三部分组成，如中移发〔2020〕11 号，表示为中国移动 2020 年制发的第十一份公文，必须标明“发”字，跟收文以示区分。同一份文件只有一个发文字号，编号时需同时在发文登记表（见表 8-3）上登记，它是今后引用、检索文件的重要依据，必须按要求来编写。

示例：

为了做好疫情后的复工复产，提升公司中高层管理人员的战略管理水平迫在眉睫，方盈工程公司人力资源部收到总经理的指示，由人力资源部牵头组织一次集中培训。人力资源部接到任务后，准备下发《关于组织公司中高层管理人员集中培训的通知》，请问发文字号是以人力资源部发，还是以公司的名义发，抑或是无论以公司还是部门的名义制发均没有影响？

点评：

发文字号代表着发出的单位和部门，在一个公司里，发文字号不可混淆，相互混杂。发文字号不清晰则起不到编制发文字号的真正作用，既不符合规范要求，查找起来也十分不便。因此，由哪个部门或公司负责，就以其字号编制。

（2）复核

复核是指在公文正式印制之前，由专门的文书人员对文件定稿进行再次审核的工作。公文复核是公文正式印制前进行的最后一次复核。复核的重点是：审批、签发手续是否完备；附件材料是否齐全；格式是否统一、规范；是否存在错别字、漏字等。在复核环节，如发现问题需要对文稿进行修改，应向签发人提出申请，获得批准后方可修改。修改后的文稿，需要按程序进行复审和签发。

(3) 缮印

缮印是指对已经过领导审批签发的定稿进行排版印制文件正本的过程。缮印文件一般都是通过打印、胶印、铅印或复印的方式来印制公文，必须严格按照国家标准执行。在缮印过程中，必须做到以下三点：

1）必须以经过领导签发后的定稿为依据，忠于原稿，不得随意改动，确需改动的需要报经签发人批准；

2）注意排版艺术，版面的安排要美观大方、赏心悦目；

3）注意保密，不得让别人随便翻阅文稿，对印制的底版、清样、废页也要管理好，防止泄密。

(4) 校对

校对是文件制发过程中的一个重要环节，也是文书人员的一项重要工作职责。校对是在缮印文件过程中将印刷出来的文本清样与定稿从内容到形式进行全面对照检查的一道程序。校对也可由起草人进行。校对时要以文件定稿为基准，认真仔细地核对，连标点也不可忽视，把住文件制发的重要一关。

校对的具体要求包括：采取“地毯式”检查的校对方法，逐字逐句校对；注意纠正排版错误，注意字体、字号和格式的统一；每次校对由不同的人进行。

(5) 用印

用印是指在印刷好的文件正本的落款处，正确加盖单位公章，以示文件生效的过程。加盖单位公章代表拟订的文件已经生效。公文用印和签署的意义在于：作为公文生效取信的凭证；代表职权；以示负责。我国公文大多以用印生效为主，命令等以签署为生效标志，合同等既需要用印又需要签署。用印要做到端正、清晰、位置恰当，即所谓“上不压正文，下要骑年盖月”。

(6) 登记

登记是指在文件发出之前对文件的主要内容和基本要素进行记录，以便对发出文件进行清点、统计、核查和控制等。发文登记的项目要合理，登记要准确。登记项目主要包括发文日期、发往单位、公文标题、份数和备注等，大型公司还需把签收人、附件、归卷日期和归入卷号等列入。发文登记就是要把文件的基本信息在印制和分发前登记下来，以便查阅利用。发文登记同时也是公文复核工作的有益补充。

示例：

2020年元旦假期期间，方盈工程公司部分工程项目为了加快工作进度，一些工作人员在假期依然在岗上班，人力资源部在核实了打卡记录和工作值班表后，下发了

《关于发放员工2020年元旦假期加班工资的通知》，公文经部门领导签发后，在分发到公司各部门前需在发文登记表（见下表）上进行发文登记。

发文登记表

序号	发文日期	公文标题	发往单位/部门	发文字号	份数	备注
1	2020年1月15日	关于发放员工2020年元旦假期加班工资的通知	项目工程	方盈发〔2020〕1号	10	急件

（7）分发

分发又叫封发，是指对印刷完毕、需要发出的文件按分发的范围进行封装和发送的过程。分发是发文工作的基础环节，分发总的要求是要使文件准确、合理地进行定向、定速、定量的流动。文件分发由综合办公部门承担，根据文件的适用对象，进行有针对性的分发。

（8）归档

归档是发文办理工作最后一道程序，将制成的文件连同文稿一起，按正式文件在上、草稿在下的顺序收集装订起来，整理归档。

二、任务演练

完整地列出公文发文过程及步骤

为了提升公司员工的职业竞争力，方盈置业发展有限责任公司决定与本地高校合作培训员工。经过前期多轮洽谈，公司已与××职业技术学院达成共识，一方面公司可与学校合作培训员工，另一方面学校可派本校学生到公司顶岗实习。2020年4月10日，方盈置业发展有限责任公司人力资源部经理要求你起草一份《关于方盈公司与××职业技术学院合作培训员工的函》的发文通知。作为人力资源管理专员的你将如何完成整个发文工作？请写出从起草到发文的全部过程。

三、任务评价指标与标准

评价内容	配分	评分标准	得分
掌握文书发文程序的各个环节	100 分	起草及时，内容、格式准确，程序规范	
合计	100 分		

四、学习与运用

1. 简答题

简述企业公文发文的程序和步骤。

2. 选择题

（1）发文字号年份的正确写法是（　　）。

A. 〔20〕　　B. 〔2020〕　　C. 〔'20〕　　D. 〔2020 年〕

（2）审核主要是把好以下几关（　　）。

A. 行文关　　B. 语言关　　C. 政策关　　D. 文字关

任务四　人力资源档案管理

一、知识准备

（一）人力资源档案的概述

1. 人力资源档案的概念

人力资源档案是指人力资源部门在管理工作中形成的对企业有保存价值的各种形式的文档资料。人力资源档案来源于单位和有关部门的人力资源管理活动。企业在招聘、录用、培训、管理等各个环节中产生的，以个人为单位的材料，都可以看作是人力资源档案材料。

2. 人力资源档案的特点

（1）真实性

真实性是指人力资源档案材料的来源、内容以及形式必须符合实际，能够客观反映人力资源部门（或员工）的基本情况，这是人力资源档案最重要的特征。

（2）全面性

全面性是指人力资源档案能够概括反映人力资源部门（或员工）各方面的信息，能为了解对象提供比较完善的信息。

（3）动态性

动态性是指人力资源档案内容会随着人力资源部门（或员工）的工作与生活情况发生变化。

（4）保密性

保密性是指人力资源档案往往会涉及员工的个人或家庭隐私，甚至会涉及单位或国家的秘密，因此必须做好保密工作。

3. 人力资源档案的作用

人力资源档案是全面记载企业人力资源部门管理服务活动的真实材料，应具体反映人力资源部门管理服务工作的基本状况。其作用主要体现为以下几个方面：

（1）健全完备的人力资源档案可真实全面地记载和反映人力资源部门管理服务工作的全过程；

（2）能够帮助了解、考察员工，作为对其进行基本评价的依据；

（3）能够作为解决当事人个人问题的凭证；

（4）为澄清历史事实、编写人物传记以及专业史料提供宝贵的素材。

（二）人力资源档案的整理方法

1. 归档文件规范整理的基本要求

归档文件规范整理是档案管理工作的核心和基础，是一项重要的、承上启下的工作，整理工作的质量直接关系到档案的保管和利用。归档文件的收集范围应按2006年12月18日国家档案局第8号令公布的《机关文件材料归档范围和文书档案保管期限规定》执行。整理方法应符合《归档文件整理规则》（DA/T 22—2015）的规定，在计算机和专用档案管理软件辅助归档的前提下，遵循文件的形成规律，保持文件之间的有关联系，区分不同价值，便于保管、利用和移交档案室。文件归档工作应按照国家“双轨制”管理的业务要求，将纸质归档文件与电子归档文件同步规范整理。

2. 归档文件的整理步骤

人力资源归档文件以“件”为单位进行规范整理，基本步骤如图 8-3 所示。

图 8-3　人力资源归档文件整理步骤

（1）收集

收集是指对人力资源部门应归档的文件材料的接收。为确保文件材料的齐全完整，人力资源部门应遵循以下规定：一是处理完毕的文件材料要随时收；二是经常用的文件要履行借用手续定期收；三是本部门发文在盖章时当时收；四是会议材料要事先做好工作及时收；五是内部形成的材料要注意掌握线索有针对性地收；六是常规性的文件材料要逐项收；七是在机构人员变动时要提前收；八是结合年终检查要集中收；九是年末立卷要全面收；十是在立卷过程中发现不全要反复收。

（2）装订

人力资源档案应归档文件的稿本存在比较复杂的情况，装订的基本顺序是：正本在前，定稿在后；正文在前，附件在后；原件在前，复制件在后；批转或转发文件在前，被批转或转发文件在后；收文处理单在前，正式文件在后；来文和复文作为一件事，复文在前，来文在后。装订文件的排序如图 8-4 所示。

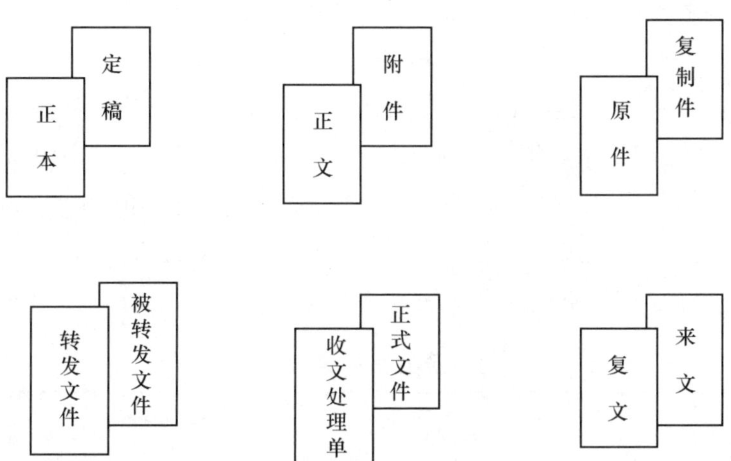

图 8-4　人力资源档案文件装订示意图

装订时，应将构成一“件”的各页按一定方式对齐。如果各页均为同样幅面的纸张，那么使四条边沿整齐即可。如果各页的幅面不相同，可以根据装订位置的差异采用两种对齐的方式：一是在左上角装订时，左侧与上侧对齐；二是在左侧装订时，左侧与下侧（底边）对齐，如图8-5所示。

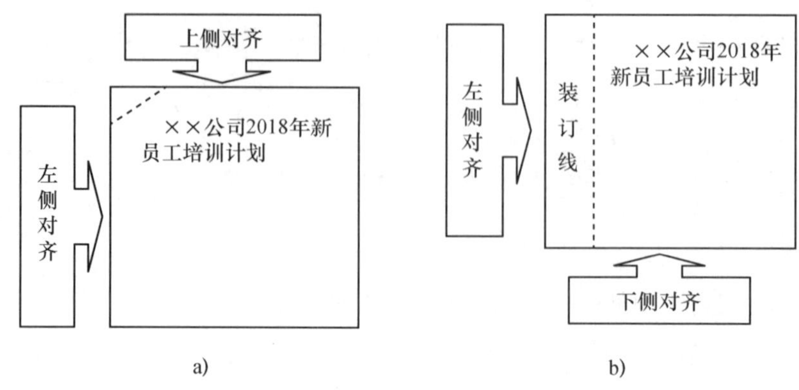

图8-5　装订文件对齐方式示意图

a）左上角装订的对齐方式　b）左侧装订的对齐方式

同时，在装订时可采用袋装结合线装的方法。袋装是指将金属排除后，放入梯形无酸牛皮纸（即斜口袋）中。较厚的文件，先线装（“三孔一线”），再装入斜口袋。也可采用专业的不易腐蚀生锈的钢制夹或不锈钢书钉装订，或采用粘贴式和塑料扣具式工具来装订。

（3）分类

人力资源档案的分类就是根据人力资源档案材料的性质、内容和名称等属性，把性质相同、内容上相互联系的集中在一起，将不同的区别开来，使每一个人的档案都成为一个条理清晰、内容系统的有机体系。

对于人力资源档案的分类（详见表8-2），每一类可有一张对应的分类纸（类似彩色的宣传单），上面印上每一类的名称，如“员工培训档案”—“派出培训档案”，所有派出培训材料都要放在这张分类纸的后面，分类纸起到导引的作用。例如，“员工工资汇总表”应放在“薪酬福利档案”中，“员工入职体检报告”应放在“员工入职档案”中，而“员工健康体检档案”应放在“专项工作档案”中。

表8-2　人力资源档案的分类及内容

序号	分类	主要内容
1	员工入职档案	①个人简历；②应聘人员登记表；③素质测评结果；④面试记录；⑤笔试结果报告；⑥体检报告；⑦拟试用审批表；⑧试用期考核表；⑨转正审批表 应届毕业生应增加：①就业推荐表；②学习成绩表；③就业协议书

续表

<table>
<tr><th>序号</th><th colspan="2">分类</th><th>主要内容</th></tr>
<tr><td rowspan="3">2</td><td rowspan="3">员工培训档案</td><td>外聘讲师集中式培训档案</td><td>①培训通知；②培训签到表；③培训工作总结分析报告；④培训教材；⑤培训光盘；⑥培训费用统计表</td></tr>
<tr><td>内部讲师培训课程档案</td><td>①培训通知；②培训签到表；③培训工作总结分析报告；④讲师手册；⑤学员手册；⑥课程录像；⑦培训费用统计表</td></tr>
<tr><td>派出培训档案</td><td>①培训通知；②派出培训审批表；③派出培训反馈表；④培训费用统计表</td></tr>
<tr><td rowspan="2">3</td><td rowspan="2">员工人事档案</td><td>员工一般人事档案</td><td>①员工履历类；②自传类；③鉴定考核类；④学历和评聘专业技术职务材料；⑤政审材料；⑥党团材料；⑦表彰奖励材料；⑧处分材料；⑨工资、职务任免材料</td></tr>
<tr><td>日常使用的人事档案</td><td>①学历学位、资格证书复印材料；②员工聘用材料；③奖励文件及复印件（有部分原件必须存放在人事档案内）</td></tr>
<tr><td>4</td><td colspan="2">薪酬福利档案</td><td>①每月工资发放记录；②工资汇总表；③社会保险缴纳记录；④社会保险基数核定表；⑤社会保险分摊表；⑥住房公积金缴纳记录；⑦住房公积金分摊表</td></tr>
<tr><td>5</td><td colspan="2">专项工作档案</td><td>①劳动情况季报、年报；②人才统计年报；③工资总额使用手册申报；④残疾人就业保障金申报；⑤不定时工作制度文件；⑥员工健康体检档案</td></tr>
<tr><td>6</td><td colspan="2">绩效管理档案</td><td>①员工绩效考核表；②员工工作表现评定表；③员工考勤表</td></tr>
<tr><td rowspan="3">7</td><td rowspan="3">员工离职档案</td><td>解除（终止）劳动关系</td><td>①辞职申请书（自动离职）或解除（终止）劳动关系协议及经济补偿金发放表复印件；②劳动合同；③解除（终止）劳动关系证明
若采用调动手续办理离职的员工，还需保留调动表原件、介绍信复印件</td></tr>
<tr><td>内退</td><td>①内退申请表；②内退协议</td></tr>
<tr><td>退休</td><td>①退休养老金核定复印件；②退休人员登记表</td></tr>
<tr><td>8</td><td colspan="2">人力资源红头文件</td><td>与人力资源管理相关的公司红头文件</td></tr>
<tr><td>9</td><td colspan="2">人力资源工作档案</td><td>人力资源工作中的过程档案，如进行人力资源制度制定或人力资源项目研究过程中所有的档案资料</td></tr>
</table>

（4）排列

人力资源档案材料的排列就是指将各类型的材料按照一定的顺序排列起来。其作用在于通过排列，使每一份文件都有一个固定的位置，使之更有条理，更系统地反映各类材料之间的内在联系，更进一步地体现分类的作用。

1）员工人事档案的排列方法

①按照材料形成时间的先后顺序进行排序。

②按照材料内容的主次关系及材料之间可能的联系进行排序。

③既按材料形成时间，又按材料性质相对集中进行排序。

2）其他人力资源档案的排列方法

①把同一年度、同一保管期限的文件分别排在一起，如立档文件只编永久、30 年、10 年三条流水号分别排列。不同年度、不同保管期限的文件不能排列在一起。

②在同一保管期限内，把同一类型或问题有内在联系（如同一次活动、同一项工作、同一个会议）的文件排在一起，即同一事由的相关文件应当排列在一起。这是“遵循文件的形成规律，保持文件之间的有机联系”整理原则的体现。排列顺序应保持相对固定。

③在同一保管期限、同一类型或问题中，按成文时间的先后顺序排列。

（5）编号

1）材料排列完毕后，用铅笔在每份材料的右上角编上类号和顺序号。也可以刻成“类件号”章（如图 8-6 所示）加盖在归档文件首页右上方空白位置。“类件号”章规范式样规格一般为 16 mm×45 mm。

类号	件号	页数
3	2	5

图 8-6 “类件号”章式样

①“类号”。人力资源档案可以按照表 8-4 中的序号填入，如第一类为员工入职档案，那么这类档案的类号为“1”。

②“件号”。件号是档案材料在所属类别中的顺序号，是排序工作固定下来的次序决定的，可以根据公司的需要自行调整。

③“页数”。填写每件文件的总页数，该份材料共有 5 页，则填写 5 即可。

2）在材料正面的右下角、背面的左下角依次写上页号；封面、封底、衬纸不计算页数；备考表作为一份独立的材料，单独计页。

3）人力资源档案盒的编号方法

①姓氏拼音字母编号法。这是目前企业针对员工人事档案编号常用的方法之一。具体操作如下：

首先，档案按拼音字母的次序排列，由姓开始，姓第一个字母为 a 的排在最前列，依次类推；第一个字母相同的，按第二个字母的顺序排列。同姓的按名字每一个字的拼音顺序进行排列。

其次，重名的人员按入职时间的先后顺序排列，入职时间早的排在前面，入职时间晚的排在后面。

例如，某公司有50份员工人事档案，就可以采用这种编号法。如丁洋的档案是01号，丁一的档案是02号，依次类推。但人事档案数量较多的企业不适宜采用这种编号法。

②姓氏笔画编号法。按照姓氏笔画的多少来排列，遇到相同姓氏并且名字的笔画数目相等时，就可以考虑姓氏后面的第一个字的音序或不相同的第一笔是横还是竖、撇、捺、折。还以上面的例子来说，如果按照笔画排列，那么丁一的档案就排在丁洋的前面。丁一是01，丁洋是02。再比如，李天和李云，他们的姓名笔画数目相同，但是“天”的第三笔是撇，“云”的第三笔是折，李天的档案要排在李云的前面。

③工作内容编号法。这是按人力资源部门开展的工作进行分类，如员工入职培训、员工在职培训等（可参考表8-4人力资源档案的分类及内容）。如某公司的背景调查制度管理、背景调查函、公司调查流程、背景调查报告、新员工入职调查表、应聘人员背景调查表应归入员工背景调查的档案盒或档案柜。

④部门—年度编号法。人力资源部门按照人力资源管理系统中的编号（即工号）进行编号，按员工入职先后顺序依次排号，并进行汇总，再按部门进行分类，按部门代码的先后排列顺序及员工（工号）的入职先后顺序进行对应排号，如有人员离职，直接把员工档案资料调至离职人员汇总中的对应部门。如有新入职人员，操作方法仍然是先按员工入职先后顺序进行工号排序，再按部门进行分类，排出部门档案编号，遇到该部门因人员离职而造成原部门档案编号位置空缺，直接将新进人员插入空缺中，完善部门整体在职人员档案资料。

例如，某公司的销售部（字母编号XS）2019年入职的第一位员工李琳的档案可编号为XS-2019-01，而后勤处（字母编号HQ）赵青青档案的编号是HQ-2014-03，代表赵青青是后勤处2014年入职的第三位员工。

（6）编目

编目主要是指编制人力资源档案材料的目录，即“盒内文件目录”。目录是保管的人力资源档案材料的清单，对人力资源档案材料所在的位置起固定和指引作用，要放在人力资源档案盒里的首页。除人力资源档案材料的编目外，还需要编制人力资源档案盒的目录。

1）人力资源档案材料的编目。人力资源档案目录上的主要项目一般包括以下几项：一是类号和顺序号，即人力资源档案材料在一个人档案中的分类号和排列序号。

二是人力资源档案材料的题名，没有题名的材料应自拟题名；题名过于复杂和烦琐的，可以进行适当的简化；在对人力资源档案中的材料题名进行处理时，新的题名必须准确反映材料的主要内容和特点。三是人力资源档案材料形成的时间。四是页数，页数的计算采用图书编页法，每面一页，备考表作为一份独立的材料，单独计页。五是备注，注明人力资源档案内材料的变化状况，如果从中取出了材料要注明材料取出的时间及原因等。人力资源档案材料的编目式样见表 8-3。

表 8-3　　盒内文件目录

类号	顺序号	题名	时间	页数	备注
三	1	自我鉴定	20170324	2	
	2	企划部考核表（一）	20181215	2	
	3	企划部考核表（二）	20191218	2	

盒内目录的填写要用钢笔或毛笔，不得使用圆珠笔、铅笔，不得使用红墨水、纯蓝墨水。要求字迹工整、文字规范，严禁勾、抹、涂、划，严禁开天窗或粘贴。每类目录之后，须留出适量的空格和空页，供补充档案材料时使用。

2）人力资源档案盒目录的编制。人力资源档案入柜后，要编写档案盒目录，用来固定每一个员工人事档案的顺序，也可以起到统计人事档案数量的作用。案盒目录至少一式三份，一份放入档案盒，其他备用。归档文件目录的项目包括案盒编号、员工姓名、归档日期、份数、存放位置、备注等。员工档案盒目录式样见表 8-4。

表 8-4　　员工档案盒目录

案盒编号	员工姓名	归档日期	份数	存放位置	备注
……	……	……	……	……	
HQ-2014-03	赵青青	20141229	13	1 号柜	
……	……	……	……	……	
CW-2016-02	丁洋	20161229	24	1 号柜	
……	……	……	……	……	
XS-2019-01	李琳	20191229	16	2 号柜	
……	……	……	……	……	

①“案盒编号”，参考人力资源档案的编号方法。

②“归档日期”，即员工档案的归档时间，用 8 位阿拉伯数字标注年、月、日，中间不用任何分隔号，如 20190810。

③“份数”，即员工档案的总页数。

④“存放位置”，即员工档案存放的档案柜号。

⑤“备注”，填写本盒内文件的变化情况或需要注明的情况（有就填），包括密级、缺损、修改、补充、移出、销毁等。如果有些条目需要说明的情况较多，备注栏难以填写时，可在备注栏中加注“ * ”号，将具体内容填写入备考表中。

（7）装盒

装盒是将人力资源归档文件按一定编件号顺序装入档案盒，填写备考表、编制档案盒封面及盒脊。

《归档文件整理规则》（DA/T 22—2015）中提出，不必整卷装订，可以以“件”为单位整理。在人力资源档案的整理中，也可以这样处理。每个员工的档案材料整理成件之后，应单独装盒（或档案袋）。同时要注意以下几点：

1）盒内目录置于所有材料的最前面，材料排列顺序与目录相符。

2）对超出16开规格的档案材料，在不影响材料的完整和不损伤字迹的条件下，可酌情进行剪裁；不能剪裁的材料，须进行折叠。折叠时，要根据材料的具体情况，采用横折叠、竖折叠、横竖交叉或梯形折叠等办法。折叠后的档案材料，要保持整个案卷的平整及文字、照片不被损坏，便于展开阅读。

3）对于后续档案材料，可以根据情况每半年到一年整理一次，将材料内容填写到相应的目录中，将材料装到案盒中。

把装订好的材料装盒，填写盒的正面、盒脊等处的项目，注意盒脊上一定要体现编号的结果，尤其要注意填写员工的姓名、所在部门名称。

（三）人力资源档案的归档与保管要求

1. 人力资源档案归档的基本要求

归档的人力资源档案必须是原件，必须是办理完毕的正式文件材料，各部门不得以任何理由积压截留档案材料。

归档材料应真实，完整齐全，文字清楚，对象明确，手续完备，需经组织审查盖章或本人签字的，盖章签字后方能归入本人档案。

2. 人力资源档案材料的基本要求

人力资源档案材料一般要求使用标准16开规格的办公用纸，不得使用圆珠笔、铅笔或红色、纯蓝色墨水书写，不得使用复写纸书写。

凡归档材料不符合要求的，必须返回经办部门补齐或补办手续，达到要求后，方可归档。

人力资源档案要使用档案袋存放。企业多采用黄褐色牛皮纸档案袋，档案袋的规格为 30 cm×24 cm，外部有密封线缠绕封口。试用期员工和临时工暂用普通文件夹保存，转为正式员工后，按相关要求存放。档案袋外皮上必须列明人员姓名、所在部门、档案内容等，以便查找。

3. 人力资源档案的整理和查阅要求

（1）按照人力资源档案分类建立独立的档案。

（2）为每位员工建立一份独立的人事档案。离职人员的档案按辞职、辞退、开除和内退、退休等分别归档。

（3）档案工作实行统一领导、分级保管、分级查阅的原则。

（4）人力资源档案在人力资源部门指定的地点查阅，不可带出。

（5）遇到特殊情况需要借阅本人人事档案时，借阅人对所借阅档案必须妥善保管，不得私自复制、调换、涂改、污损、划线等，更不能随意乱放，以免遗失。

（6）所有查阅人员都必须如实填写《人力资源档案查阅登记表》。

4. 人力资源档案的保管要求

人力资源档案管理部门在收到档案材料后，应在 3 日内归入档案库房。零散材料袋内的人力资源档案材料应在半个月之内归入档案盒内。每年对人力资源档案材料集中归档一次。

（四）人力资源档案的移交

将所有需要归档的人力资源档案文件装订并整理整齐后，就可以向公司内部的档案室进行移交。在办理时，应出具移交文件的清单，并由双方签字确定。移交清单见表 8–5。

表 8–5　　人力资源归档文件移交清单

归档部门：人力资源部　　接收部门：公司档案室

移交人：　　接收人：　　移交时间：　年　月　日

序号	文档题名	件数	页数	备注

（五）档案的保存期限与销毁

人力资源档案须永久性地进行保存。对于离职、辞退、开除的人员，自离开之日起满一年，经过部门领导的审核后，方可销毁档案。

档案销毁必须填写申请单，报人力资源部门审核、批准并备档，人力资源部门指定专门人员进行销毁，负责销毁的人员须为两人以上。

（六）人力资源电子档案的管理

1. 电子文件与电子档案

电子文件在计算机科学领域中一般指以计算机硬盘等为载体存储的信息的集合，如电子图书、电子杂志、电子消息、电子资料，甚至病毒、乱码等也可被视为“文件”。这些电子文件显然不能作为档案学意义上的文件来对待。

在档案学领域中，对电子文件的理解主要依据的是我国档案行业的两个标准，即《档案工作基本术语》（DA/T1—2000）和《电子文件归档与管理规范》（CB/T 18894—2016）。第一个标准将电子文件界定为：以数码形式记录于磁带、磁盘、光盘等载体，依赖计算机系统阅读、处理并可在通信网络上传输的文件。第二个标准将电子文件定义为：通过计算机等电子设备形成、办理、传输和存储的数字格式的各种信息记录；电子文件由内容、结构、背景组成。这两种定义虽然具体的文字表述有所差异，但对电子文件本质的认识是一致的。

综合“电子文件”与“档案”两个概念，可以将“电子档案”界定为：具有保存价值并经过归档而实行档案化管理的电子文件及其相应的软件、参数和相关数据。换言之，电子档案就是“归档电子文件”，电子档案依然是由电子文件转化而来的。电子文件存在于必要的数字环境之中，归档后所形成的电子档案也要将这些环境信息进行必要的保存，因此电子档案还包括除主要信息之外的其他关联信息。

2. 电子档案的类型

根据不同的分类标准，电子档案可以划分为各种不同的类型。例如，根据文件的功能，可以分成主文件和支持性、辅助性、工具性文件；根据生成方式，可以分为直接生成的原始文件和传统文件经模数转化而生成的电子文件；根据属性，可以分为普通文件、只读文件、隐含文件、加密文件、压缩文件等；根据存储载体，可以分为磁盘文件、磁带文件、光盘文件等。

目前比较通用的一种标准是按照电子档案信息存在的形式进行分类，可分为文本文件、数据文件、图形文件、图像文件、视频文件、音频文件、可执行文件等，详见表 8-6。

表 8-6　　电子档案的类型

序号	类型	说明	常见格式
1	文本文件	使用文字处理类软件生成的电子文件，由文字、数字或其他符号组成的文件。公务文件一般都是这种类型	. txt . doc . wps . xls . xml . rtf
2	数据文件	又称为数据库文件，是使用数据库软件处理生成的。一个数据库由若干记录组成，一个记录由若干字段（数据项）组成。人力资源部门和员工的各类信息都可以生成数据库文件	. mdb . dat . mdf . dbf
3	图形文件	也称矢量图，是计算机绘制的表示数据内在联系的各种画面，如图表、曲线图等。许多在计算机辅助设计与辅助制作过程中形成的电子文件都属于图形文件	. edr . eps . 3ds . dxf . wmf
4	图像文件	由一系列排列有序的像素组成。一般可以使用数字设备采集或制作，如用扫描仪扫描的各种原件画面，用数码相机拍摄的照片等。图像文件的分辨率与存储空间成正比	. jpeg . tiff . bmp . gif
5	视频文件	使用视频捕获设备录入的数字影像或使用动画软件生成的二维、三维动画等各种动态画面，如数字影视片、动画片等。视频文件有不同的格式或标准，播放时需要使用相关的设备和程序	. mpeg . avi . rm . mov . asf . wmv . flv
6	音频文件	计算机对声音进行识别并编码而形成的文件	. mp3 . cda . wav . mid . wma . ape
7	可执行文件	又称计算机程序，是为了得到某种结果而采用计算机语言编写的可执行的指令序列构成的文件	. exe

3. 人力资源电子档案的管理工作

人力资源电子档案的管理工作主要包括电子文件收集、电子文件整理与归档、归档电子文件移交与接收、电子档案日常管理、电子档案提供利用、电子档案鉴定与销毁。

（1）电子文件的收集

1）收集渠道与方式。人力资源部门的办文人员针对本部门产生及外来的文件使用扫描仪将其转化为图片进行收集，依据公司案卷档案号进行文件夹管理，同时进行文件命名。

①扫描参数。包括扫描分辨率等参数大小的选择，原则上以扫描后的图像清晰完整、不影响图像的利用效果为准。采用黑白二值、灰度、彩色几种模式对档案进行扫描时，其分辨率一般均建议选择≥10 dpi。特殊情况下，如文字偏小、密集清晰度较差等，可适当提高分辨率。需要进行 OCR 汉字识别的档案，扫描分辨率建议选择≥200 dpi。

②扫描方式。根据档案幅面的大小（A4、A3 等）选择相应规格的扫描仪或专业扫描仪进行扫描。大幅面档案可采用大幅面数码平台，或者缩微拍摄后的胶片数字化转换设备等进行扫描，也可以采用小幅面扫描后的图像拼接方式处理。纸张状况较差，以及过薄、过软或超厚的档案，应采用平板扫描方式；纸张状况好的档案可采用高速扫描方式以提高工作效率。

③扫描模式。扫描色彩模式一般有黑白二值、灰度、彩色等。通常采用黑白二值。页面为黑白两色，并且字迹清晰不带插图的档案，可采用黑白二值模式进行扫描。页面为黑白两色，但字迹清晰度差或带有插图的档案，以及页面为多色文字的档案，可以采用灰度模式进行扫描。页面中有红头、印章或插有黑白照片、彩色照片、彩色插图的档案，可视需要采用彩色模式进行扫描。

④压缩存储格式。纸质档案数字化过程中，较常见的有 TIFF、JPEG、PDF 等压缩格式。

⑤图像处理。检查扫描图像按照实体档案顺序排列并进行文件管理，确保图像端正、页码连贯无缺、图像干净无黑边。

2）收集范围。电子文件的收集范围参照国家有关纸质文件的归档范围进行归档并划定保管期限。具体内容可参见本书中的相关介绍。除此之外，还要注意以下几点：

①记录了重要文件的主要修改过程和办理情况，有查考价值的电子文件及其电子版本的定稿均应保留。

②正式文件是纸质的，如果单位档案保管部门已开始进行计算机电子化转换工作，则与正式文件定稿内容相同的电子文件应保留，否则可根据实际条件或需要，确定是否保留。

③对于具有永久和长期保存价值的电子文件，纸质文件与电子文件的存储载体一同收集，并使两者建立互联。

④电子公文的收发登记表、机读目录、相关软件、其他说明等应与相对应的电子公文一同收集。

3）支持软件的收集。电子文件对特定的支持软件具有高度的依赖性，因此在收集时应对必要的支持软件予以保留。

对于文字处理软件生成的文本型电子文件，不仅要在收集时注明文字存储格式、文字处理工具等信息，而且必要时须同时保留文字处理工具软件。

使用扫描仪等设备获得的采用非通用文件格式的图像电子文件，整理时应将其转换成通用格式，如无法转换，则应将相关软件一并收集。

对用计算机辅助设计或绘图等设备获得的图形电子文件，也应注明其软硬件环境及相关数据。

对用视频或多媒体设备获得的文件以及用超媒体链接技术制作的文件，应同时收集其非通用格式的压缩算法和相关软件。对于音频设备获得的声音文件，应同时收集其属性标识、参数和非通用格式的相关软件。

对通用软件产生的电子文件，应同时收集其软件型号、名称、版本号和相关参数手册、说明资料等。专用软件产生的电子文件原则上应转换成通用型电子文件，如不能转换，收集时则应连同专用软件一并收集。

计算机系统运行和信息处理等过程中涉及的与电子文件处理有关的参数、管理数据等应与电子文件一同收集。对套用统一模板的电子文件，在保证能恢复原形态的情况下，其内容信息可脱离套用模板进行存储，被套用模板作为电子文件的元数据保存。

4）收集登记。收集到的每份电子文件均应进行登记，所用的登记表见表 8-7 和表 8-8。这两个表应配合使用，表 8-7 所填写的内容是对表 8-8 所列全部文件的综合情况的反映。

表 8-7　　　　电子文件登记表（首页）

<table>
<tr><td rowspan="5">文件特征</td><td>形成部门</td><td colspan="4"></td></tr>
<tr><td>完成日期</td><td></td><td colspan="2">载体类型</td><td></td></tr>
<tr><td>载体编号</td><td colspan="4"></td></tr>
<tr><td>通信地址</td><td colspan="4"></td></tr>
<tr><td>电话</td><td></td><td colspan="2">联系人</td><td></td></tr>
<tr><td rowspan="4">设备环境特征</td><td>硬件环境（主机、网络服务器型号、制造厂商等）</td><td colspan="4"></td></tr>
<tr><td rowspan="3">软件环境（型号、版本等）</td><td colspan="2">操作系统</td><td colspan="2"></td></tr>
<tr><td colspan="2">数据库系统</td><td colspan="2"></td></tr>
<tr><td colspan="2">相关软件（文字处理工具、浏览器、压缩或解密软件等）</td><td colspan="2"></td></tr>
</table>

续表

<table>
<tr><td rowspan="4">文件记录特征</td><td rowspan="2">记录结构（物理、逻辑）</td><td rowspan="2"></td><td rowspan="2">记录类型</td><td rowspan="2">□定长
□可变长
□其他</td><td>记录总数</td><td></td></tr>
<tr><td>总字节数</td><td></td></tr>
<tr><td>记录字符、图形、音频、视频文件格式</td><td colspan="5"></td></tr>
<tr><td>文件载体</td><td colspan="2">型号：
数量：
备份数：</td><td colspan="3">□一件一盘 □多件一盘
□一件多盘 □多件多盘</td></tr>
<tr><td rowspan="2">制表审核</td><td colspan="6">填表人（签字）
年 月 日</td></tr>
<tr><td colspan="6">审核人（签字）
年 月 日</td></tr>
</table>

表 8-8　　电子文件登记表（续页）　　第　页

文件编号	题目	形成时间	文件稿本代码	文件类别代码	载体编号	保管期限	备注

“文件稿本代码”：M-草稿性电子文件；U-非正式电子文件；F-正式电子文件。

“文件类别代码”：T-文本文件；I-图像文件；G-图形文件；V-影像文件；A-声音文件；O-超媒体链接文件；P-程序文件；D-数据文件。

填好的电子文件登记表应与电子文件同时保存。电子文件登记表如果制成电子表格，应与电子文件一同保存，永久保存的电子表格应附有纸质等拷贝件并与相应的电子文件拷贝一同保存。

（2）电子文件的整理与归档

对收集来的电子文件要进行必要的整理，使其格式符合要求，同时对其进行必要的鉴定检测，保证其真实性、完整性和有效性。整理工作应以“件”为单位进行，对电子文件进行必要的分类。整理完成后，需要进行归档处理，就是通过计算机将整理好的电子文件及其环境条件转存在磁性记录材料或光盘等载体上储存。只有具有参考和利用价值的电子文件才可归档保存，电子文件归档后即形成电子档案。

1）电子文件的技术处理。电子文件的类型及格式比较复杂，为了便于管理，在进行整理时应将其转化为相应的常用格式。这些格式类型参见表 8-6 电子档案的类型。

2）电子文件的鉴定检测。电子文件归档时，要对电子文件的真实性、完整性、有效性进行鉴定。确定密级，是否属于归档范围，划定保管期限。具体包括以下几方面的工作：

①按照单位制定的归档范围，确定电子文件是否需要归档。

②检测电子文件的真实性、完整性和有效性。真实性是指对电子文件的内容、结构和背景信息进行鉴定后，确认其与形成时的原始状况一致；完整性是指电子文件的内容、结构、背景信息和元数据等无缺损；有效性是指电子文件应具备的可理解性和可利用性，包括信息的可识别性、存储系统的可靠性、载体的完好性和兼容性等，有效性依赖于硬件和软件两种环境。

③检测电子文件是否感染了计算机病毒或木马程序。

④填写归档电子文件移交与接收检验登记表（见表 8-9），负责人签署审核意见。

表 8-9　　　　归档电子文件移交与接收检验登记表

<table>
<tr><td rowspan="2">检验项目</td><td colspan="2">单位名称：</td></tr>
<tr><td>移交部门：</td><td>接收部门：</td></tr>
<tr><td>载体外观检验</td><td></td><td></td></tr>
<tr><td>病毒检验</td><td></td><td></td></tr>
<tr><td>真实性检验</td><td></td><td></td></tr>
<tr><td>完整性检验</td><td></td><td></td></tr>
<tr><td>有效性检验</td><td></td><td></td></tr>
<tr><td>技术方法与相关软件说明</td><td></td><td></td></tr>
<tr><td>填表人（签名）</td><td>年　　月　　日</td><td>年　　月　　日</td></tr>
<tr><td>审核人（签名）</td><td>年　　月　　日</td><td>年　　月　　日</td></tr>
<tr><td>单位（印章）</td><td>年　　月　　日</td><td>年　　月　　日</td></tr>
</table>

3）电子文件分类。电子文件的分类可以采用纸质档案的分类方法，在计算机中建立相应的文件夹，将电子文件存放在文件夹中。完成分类的电子文件要集中存放，按类别代码集中保存在存储载体上。

4）归档处理。电子文件归档可分两步进行，对实时进行的归档首先进行逻辑归档，逻辑归档是指档案部门不接收实体电子文件，仅在计算机网络上接收归档的电子文件目录和电子档案原件，并通过网络对归档电子文件实行远程管理。然后进行物理归档，物理归档是指文件形成部门移交时将电子文件的档案实体从原机构的电子文件保存系统中转移到档案部门的档案管理系统中。具体步骤如下：

①将电子文件的管理权从网络上转移至档案管理部门，存储格式和位置暂时不变。

②把带有归档标识的电子文件进行集中，拷贝到耐久性好的载体上，一式三套。一套封存保管，一套提供利用，一套异地保存。载体按优先顺序依次为：只读光盘、一次性写入光盘、磁带、可擦写光盘、硬磁盘等。不允许用软磁盘作为归档电子文件长期保存的载体。

③在电子文件载体中建立相应的机读目录。

④存储电子文件的载体装具上应贴有标签，标签上应注明载体序号、类别号、密级、保管期限、存入日期等。

⑤以盘为单位填写归档电子文件登记表首页（见表 8-10），以件为单位填写归档电子文件登记表续页（见表 8-11）。

表 8-10　　归档电子文件登记表（首页）

<table>
<tr><td rowspan="5">文件特征</td><td>形成部门</td><td colspan="5"></td></tr>
<tr><td>完成日期</td><td colspan="2"></td><td>载体类型</td><td colspan="2"></td></tr>
<tr><td>载体编号</td><td colspan="5"></td></tr>
<tr><td>通信地址</td><td colspan="5"></td></tr>
<tr><td>电话</td><td colspan="2"></td><td>联系人</td><td colspan="2"></td></tr>
<tr><td rowspan="4">设备环境特征</td><td>硬件环境（主机、网络服务器型号、制造厂商等）</td><td colspan="5"></td></tr>
<tr><td rowspan="3">软件环境（型号、版本等）</td><td colspan="2">操作系统</td><td colspan="3"></td></tr>
<tr><td colspan="2">数据库系统</td><td colspan="3"></td></tr>
<tr><td colspan="2">相关软件（文字处理工具、浏览器、压缩或解密软件等）</td><td colspan="3"></td></tr>
<tr><td rowspan="4">文件记录特征</td><td rowspan="2">记录结构（物理、逻辑）</td><td rowspan="2"></td><td rowspan="2">记录类型</td><td rowspan="2">□定长
□可变长
□其他</td><td>记录总数</td><td></td></tr>
<tr><td>总字节数</td><td></td></tr>
<tr><td>记录字符、图形、音频、视频文件格式</td><td colspan="5"></td></tr>
<tr><td>文件载体</td><td colspan="2">型号：
数量：
备份数：</td><td colspan="3">□一件一盘　□多件一盘
□一件多盘　□多件多盘</td></tr>
</table>

续表

文件交接	送交部门			
	通信地址			
	电话		联系人	
	送交人（签名）	年　月　日		
	接收部门			
	通信地址			
	电话			
	接收人（签名）	年　月　日		

表 8-11　　归档电子文件登记表（续页）　　第　页

文件编号	题目	形成时间	文件稿本代码	文件类别代码	载体编号	保管期限	备注

⑥对已归档的电子档案载体进行写保护，禁止写操作。归档后，人力资源部门应将存有归档前电子文件的载体保存一年以上。

（3）归档电子文件的移交与接收

人力资源部门在移交电子文件之前，公司档案保管部门在接收电子文件之前，均应对归档的每套载体及其技术环境进行检验，合格率达到100%时方可交接。检验项目如下：载体有无划痕，是否清洁、有无病毒；核实归档电子文件的真实性、完整性、有效性，检验及审核手续；核实登记表、软件、说明资料等是否齐全；对特殊格式的电子文件，应核实其相关的软件、版本、操作手册等是否完整。

检验结果分别由移交部门（人力资源部门）、接收部门（公司档案保管部门）填入《归档电子文件移交与接收检验登记表》（见表 8-9）的相应栏目。登记表一式两份，一份交人力资源部门，一份交公司档案保管部门。在已联网的情况下，归档电子文件的移交与接收工作可在网络上进行，但仍需履行相应的手续。

（4）电子档案的日常管理

1）日常保管。归档电子文件的保管除要符合纸质档案的所有要求外，还应符合以下条件：

①归档载体应作防写处理，避免擦、划、触摸记录涂层；

②单片载体应装盒，竖立存放，且避免挤压；

③存放时应远离强磁场、强热源，并与有害气体隔离；

④环境温度选定范围为17~20 ℃，相对湿度选定范围为35%~45%。

2）有效性管理。人力资源部门每年均应对电子文件的读取、处理设备的更新情况进行一次检查登记。设备环境更新应确认库存载体与新设备的兼容性，如不兼容，应进行归档电子文件的载体转换工作，原载体保留时间不少于3年。保留期满后对可擦写载体清除后重复使用，不可清除内容的载体应按保密要求进行处置。

对磁性载体每满2年、光盘每满4年进行一次抽样机读检验，抽样率不低于10%，如发现问题应及时采取恢复措施。对磁性载体上的归档电子文件，应每4年转存一次。原载体同时保留时间不少于4年。人力资源部门应定期将检验结果填入归档电子文件管理登记表（见表8-12）。

表8-12　　归档电子文件管理登记表

归档电子文件设备情况登记	
新设备兼容性检验	
磁性载体转存登记	
填表人（签字）	年　月　日
审核人（签字）	年　月　日
单位（盖章）	年　月　日

3）迁移管理。随着系统设备更新或系统扩充，应及时对归档电子文件进行迁移，并填写归档电子文件迁移登记表（见表8-13）。

表8-13　　归档电子文件迁移登记表

原系统设备情况	硬件系统： 系统软件： 应用软件： 存储载体：
目标系统设备情况	硬件系统： 系统软件： 应用软件： 存储载体：
被迁移归档电子文件情况	记录数：　　字节数： 迁移时间： 操作者：

续表

填表人（签字）	年　　月　　日
审核人（签字）	年　　月　　日
单位（盖章）	年　　月　　日

（5）电子档案的提供利用

归档电子文件的封存载体不应外借，任何单位、部门或人员未经批准不允许擅自复制电子文件，利用时应使用拷贝件。利用时应遵守保密规定，对具有保密要求的归档电子文件采用联网的方式利用时，应遵守国家或部门有关保密的规定，有稳妥的安全保密措施。要严格界定电子档案的利用范围，利用者对归档电子文件的使用应在权限规定范围之内。

（6）电子档案的鉴定与销毁

到保管期限的电子档案要经过鉴定，确认没有保存价值，经合法程序审核后，进行销毁。属于保密范围的电子文件，如存储在不可擦除载体上，应连同存储载体一起销毁，并在网络中彻底清除。不属于保密范围的归档电子文件可进行逻辑删除。

二、任务演练

（一）人力资源档案审核与归档

假如你是某集团公司人力资源部员工，在日常工作中负责人力资源档案管理工作。请根据人力资源档案归档范围判断表 8-14 中哪些文件需要整理归档，然后对这些文件进行整理排序，将排序结果写出来。

表 8-14　　　某集团公司 2019 年需要整理的部分文件

序号	题名	时间	页数	备注
1	关于聘任王峰为人力资源部部长的通知	2019. 01. 05	1	
2	2019 年员工考核情况汇总表	2019. 12. 30	4	
3	关于聘任李玉清为综合办公室主任的通知	2019. 05. 09	1	
4	公司职工花名册	2019. 01. 09	30	
5	××经理赴上海××局联系业务的介绍信	2019. 11. 23	6	
6	2019 年人事工作总结	2019. 12. 30	9	
7	关于 2019 年新招聘员工培训的通知	2019. 01. 15	2	
8	2019 年新员工培训计划	2019. 01. 15	12	

续表

序号	题名	时间	页数	备注
9	2019年表彰奖励优秀员工的决定	2019. 12. 30	5	
10	集团公司招聘启事	2019. 01. 17	5	
11	2019年人力资源部工作计划	2019. 01. 18	6	
12	集团公司2019年工作要点	2019. 01. 06	12	
13	公司产品宣传册	2019. 04. 14	15	
14	关于张黎明退休的通知	2019. 05. 23	1	
15	某企业管理咨询公司提供的员工培训项目说明书	2019. 07. 16	9	

（二）员工人事档案整理与归档

张微是某公司的办公室主任，请对以下有关张微的材料加以整理：

——《论人事档案知情权的“知悉”和“获取”》（张微1999年6月8日所写大学毕业论文，16开，共40页）；

——××医院关于张微的体检表（2005年3月9日，A4纸，6页）；

——某公司关于任命张微同志为办公室主任的通知（2008年8月10日，A4纸，1页）；

——某公司关于张微同志转正的通知（2000年7月7日，A4纸，1页）；

——张微大学生毕业证书（1999年7月12日，一本，A4幅面）；

——张微2007年工作总结（2007年12月30日，A4纸，共6页）；

——《中国共产党入党志愿书》（张微1998年6月20日填写，A4纸，共9页）；

——《干部履历表》（张微2007年5月19日填写，16开，1页）。

1. 将以上提供的8份文件填入表8-15中，以完成员工人事档案的范围、分类、排列、编号工作。

表8-15　员工人事档案范围

序号	文件题名	是否人事档案	所属类别	类别号	类别顺序号	页数

2. 将表8-15中鉴别为员工人事档案的材料填入表8-16中，以完成员工人事档案编目工作。

表8-16　　员工人事档案编目

序号	材料名称	材料制成时间	份数	页数	备注

三、任务评价指标与标准

评价内容		配分	评分标准	得分
职业素养		10分	诚实严谨、遵守纪律；忠于职守、勤奋工作、乐于奉献；坚持原则、保守秘密，体现职业素养	
工作任务	归档流程清晰	10分	依据工作流程，完成人力资源档案的分类、入盒（柜）	
	归档的及时性	30分	人力资源档案及时入盒（柜），及时移交人力资源人事档案	
	归档的内容准确性	30分	人力资源档案归档分类准确、入盒准确，档案符合有关规定，装订整齐美观，封面填写齐全，盒内文件有序	
	归档的规范性	20分	纸张的大小、档案的编号符合要求；档案按时间顺序摆放；档案柜摆放整齐	
合计		100分		

四、学习与运用

1. 选择题（多项）

下列属于某公司新入职员工的材料，可以归入人力资源档案盒的有（　　）。

A. 健康证明　　B. 学历证明　　C. 毕业报到证　　D. 学校荣誉证书

E. 团员证明材料

2. 实操题

近日，小王收到本公司员工的 8 份档案，见附表。这些材料手续完备、用纸符合要求，都需要归档。

附表　　　　归档人事材料目录

序号	姓名	材料名称	时间	页数
1	李小林	员工续聘审批表	2019. 08. 12	2
2	李蕾	民主党派代表会议登记表	2019. 09. 15	3
3	胡军	专业技术职务任职资格评审表	2019. 11. 18	11
4	刘天明	员工履历表	2019. 02. 22	4
5	蒋美丽	培训结业登记表	2019. 12. 08	2
6	卢颂	入党申请书	2019. 09. 20	3
7	贾斌斌	员工考核表	2019. 05. 23	2
8	胡军	中国公民因私出国（出境）申请审批表	2019. 03. 16	3

请完成以下练习：

（1）说明这些档案材料分别归属人力资源档案哪一类。

（2）把这些材料按照一定的顺序排列。

（3）给每一份材料编写类号和顺序号、页码。

项目九

人力资源管理文书测试

任务一　M 公司招聘销售经理

（一）任务描述

M 公司是一家药品生产与销售的民营企业。人们生活水平的日益提高，为药品行业的发展提供了机会，在短短的两年间，公司的业务得到了快速的发展，并在行业中有了一定的知名度。但随着公司的高速发展，公司也面临着人才不足的问题。为了能够跟上企业发展的步伐，人力资源部经理刘天成做了大量工作，每次需要补充人员时，都会通过各种途径进行宣传，花费了大量的招聘费用后，每次都能按时提供人选，使公司能较为顺畅地运转。最近，销售部经理张云因故离职，由于离开得较为匆忙，加之产品销售竞争十分激烈，销售任务十分繁重，使公司一下子出现了被动的局面。刘天成十分焦急，为此他与其他人员一起，通过多种渠道寻找人选，如朋友推荐、在一些大型人才网站和人才招聘报刊上刊登广告等，紧急招聘销售经理，并给出了丰厚的薪酬条件。

销售经理岗位职责如下：

1. 依据企业营销目标和市场需求，制订公司的销售计划并组织实施。

2. 主持销售部门日常工作事务，合理调配人力、物力等资源。

销售经理岗位要求如下：

1. 掌握现代企业管理、市场营销等经济理论。

2. 有良好的人际交往和沟通能力。

（二）测试任务

测试任务 1：编写岗位说明书（30 分）

请运用人力资源管理的相关专业知识和技能对该招聘岗位编写一份岗位说明书。要求：内容完整，包含职位名称、部门、直接上级、所属下级、职责与权限、任职资格、编写日期等信息，岗位目的明确，职责权限清晰，任职资格合理可行。

测试任务 2：绘制并填写人力资源需求计划表（20 分）

根据材料，请绘制并填写一份 M 公司人力资源需求计划表。要求：标题内容表述完整、到位，表格制作整体感觉美观、合理，表格设计应包含用人部门、需求时间、需求理由、需求人员类别、填报日期、批准人、填报人等信息。

测试任务 3：撰写招聘计划（40 分）

如果你是人力资源部招聘专员，公司希望通过外部招聘的方式进行招聘，请撰写一份招聘计划。要求：招聘目标明确，招聘要求具体、可行，招聘渠道、工作程序、招聘时间、地点安排合理，且有明确详细的费用预算，文字编排工整清楚，格式符合要求，文字流畅，条理清楚，逻辑性强。

（三）评价标准

评价内容		配分	评分标准	得分
职业素养		10 分	卷容格式：卷容整洁，文字编排工整清楚，格式符合要求（按 0/2/5 分的标准评分）	
			文字表达：表达流畅，条理清楚，逻辑严密（按 0/2/5 分的标准评分）	
工作任务	编写岗位说明书	8 分	基本信息：内容应包含职位名称、部门、直接上级、所属下级、职责分析日期、编写日期等。每少一项扣 2 分，扣完为止	
		5 分	岗位目的：用简练而准确的语言描述本岗位在单位或部门中存在的目的和作用。目的太空泛扣 2 分，描述与别的岗位没有显著区别扣 2 分，工作目的是对工作职责的简单罗列扣 2 分，扣完为止	
		8 分	职责和权限：至少有三项以上职责，职责的排序是按照由主要到次要、由计划工作到具体实施、由制度到作业、由重点工作到日常工作。每少一项扣 2 分，排序混乱扣 2 分，扣完为止	

续表

评价内容		配分	评分标准	得分
工作任务	编写岗位说明书	4分	工作关系：分内部关系和外部关系，包括联系部门、人员。每少一项扣2分，扣完为止	
		5分	任职资格：包括教育水平、工作经验、技能水平、个性和品质等。每少一项扣2分，扣完为止	
	绘制并填写招聘需求计划表	5分	标题内容表述完整、到位，表格制作整体感觉美观、合理（按0/2/5分的标准评分）	
		15分	要求表格内容详尽具体，应包含用人部门、需求时间、需求理由、需求人员类别、填报日期、批准人、填报人等信息。每少一项内容扣3分，扣完为止	
	撰写招聘计划	10分	招聘目标和招聘要求：对拟招聘的岗位、招聘人数和条件要作出充分说明，特别是招聘条件，应当尽量详细具体，具有可操作性（按0/2/5/8/10分的标准评分）	
		5分	招聘信息发布渠道明确、合理（按0/2/5分的标准评分）	
		10分	招聘工作程序及时间、地点安排合理，既考虑到有利于企业的运作，也考虑到有利于应聘人员应聘。存在明显的程序及时间、地点安排不当每项扣3分，扣完为止	
		5分	费用预算详细、具体（按0/2/5分的标准评分）	
		10分	要求文字编排工整清楚，格式符合要求，文字流畅，条理清楚，逻辑性强（按0/2/5/8/10分的标准评分）	
合计		100分		

（四）参考答案

测试任务1：编写岗位说明书

M公司销售部经理岗位说明书				页码	共2页
				版本号	V2020-01
				生效日期	2020年×月×日
制定	人力资源部	审核	人力资源部经理	批准	总经理
岗位名称	销售部经理	岗位定员	1	薪资等级	参照公司薪酬表
所属部门	销售部	直接上级	销售总监	下辖人数	15

续表

<table>
<tr><td>职务等级</td><td>管理级</td><td>晋升方向</td><td>销售总监</td></tr>
<tr><td colspan="4">岗位概述：根据公司经营战略，领导本销售区域内市场开发与管理工作，完成销售任务目标</td></tr>
<tr><td colspan="4">一、岗位职责</td></tr>
<tr><td colspan="4">1. 依据企业营销目标和市场需求，制订公司的销售计划并组织实施。
2. 主持销售部门日常工作事务，合理调配人力、物力等资源。
3. 带领团队成员完成公司月度销售任务，达成公司年度销售目标。
4. 及时发现下属在工作中遇到的问题，积极进行沟通，保持整个团队的向心力、忠诚度和稳定性。
5. 按计划提高公司知名度，按计划提高市场占有率。
……</td></tr>
<tr><td colspan="4">二、岗位权限</td></tr>
<tr><td colspan="4">1. 区域营销规划建议权。
2. 市场推广方案建议权。
3. 公司销售政策建议权。
4. 权限内的财务审批权。
5. 对所属下级工作的监督、检查权。
6. 对所属下级工作的争议裁决权。
……</td></tr>
<tr><td colspan="4">三、关键绩效考核指标</td></tr>
<tr><td colspan="4">公司销售额达到××万元。
客户投诉不超过 2 次。
销售部门管理制度出现遗漏或失误的次数不超过 2 次。
……</td></tr>
<tr><td colspan="4">四、工作关系</td></tr>
<tr><td>公司内部</td><td colspan="3">部门内部员工及公司其他部门员工之间的沟通</td></tr>
<tr><td>公司外部</td><td colspan="3">与客户的沟通</td></tr>
<tr><td colspan="4">五、任职条件</td></tr>
<tr><td>教育背景</td><td colspan="3">医药相关专业或经济、管理相关专业本科以上学历</td></tr>
<tr><td>培训经历</td><td colspan="3">接受过市场营销管理、销售管理、公共关系、推销技巧培训</td></tr>
<tr><td>工作经验</td><td colspan="3">3 年以上工作经历，1 年以上本行业或相近行业销售管理经验</td></tr>
<tr><td>专业技能</td><td colspan="3">熟练使用 Word 和 Excel 等办公软件，具备网络知识；熟练的英语应用能力，粗通一门其他外语；有一定的管理理论基础和销售技巧；掌握现代企业管理、市场营销等经济理论</td></tr>
</table>

续表

个人能力	对个人职业发展有明确的规划，具备良好的沟通能力和坚定的执行力，有团队精神，服从上级管理；为人诚实守信，具备较强的管理能力和良好的文字表达能力	
其他条件	年龄25~40周岁，五官端正，无不良嗜好，身体健康	
六、工作条件		
办公场所、各市场区域，正常工作日，视工作需要加班和出差		
受聘人签名： 日期：　　年　　月　　日	直接上级签名： 日期：　　年　　月　　日	人力资源部负责人签名： 日期：　　年　　月　　日

测试任务2：绘制并填写人力资源需求计划表

M公司人力资源需求计划表										提出日期：	
部门	计划需求时间	需求理由					需求人员			合计	备注
		A	B	C	D	E	主管	职员	工人		
销售部	12月1日						主管：销售部经理			1人	外部招聘
合计人数：											

批准：　　　　　　　　主管：　　　　　　　　填表：

注：A表示递补；B表示业务增加；C表示新增业务；D表示储备人才；E表示其他。

测试任务3：撰写招聘计划

M公司招聘计划

一、招聘目标（人员需求）

职务名称	人数	其他要求
销售经理	1	医药相关专业或经济、管理相关专业本科以上学历，掌握现代企业管理、市场营销等经济理论，有良好的人际交往和沟通能力

二、信息发布时间和渠道

光明日报	10月8日
智联招聘网站	10月8日

三、招聘小组成员名单

组长：×× (人力资源部经理)，对招聘活动全面负责。

成员：×× (人力资源部薪酬专员)，具体负责应聘者接待及应聘资料整理。

×× (人力资源部招聘专员)，具体负责招聘信息发布及面试、笔试安排。

四、选拔方案及时间安排

资料筛选	人力资源部招聘专员	截止到 10 月 30 日
初试（笔试）	人力资源部招聘专员	11 月 1 日
复试（面试）	人力资源部经理	11 月 8 日

五、新员工的上岗时间

预计在 12 月 1 日左右。

六、招聘费用预算

光明日报广告刊登费用	2 000 元
智联招聘网站信息刊登费用	800 元
合计	2 800 元

七、招聘工作时间表

9 月 25 日—9 月 26 日：起草招聘广告。

9 月 27 日—9 月 28 日：进行招聘广告版面设计。

9 月 29 日—9 月 30 日：与报纸、网站进行联系。

10 月 8 日—10 月 22 日：在报社、网站上刊登广告。

10 月 23 日—10 月 30 日：接待应聘者，整理应聘资料，对资料进行筛选。

11 月 1 日：通知应聘者参加初试（笔试）。

11 月 8 日：进行复试（面试）。

11 月 15 日：向通过复试的人员通知录用。

12 月 1 日：新员工上班。

任务二　尔顿公司招聘评估

（一）任务描述

HC 化学有限公司是一家跨国企业，主要以研制农药为主，尔顿公司是 HC 化学有限公司在中国的子公司，主要生产、销售医疗器械。为了对生产部门的人力资源进行更为有效的管理开发，以满足生产业务扩大的需要，2010 年开始，尔顿公司准备在生产部门设立一个人力资源专员的职位，主要是承担生产部与人力资源部的协调工作。公司决定从外部招聘人才，通过毕业生招聘洽谈会、在专业报纸上刊登招聘广告、网络招聘等形式进行招聘。经过笔试、面试，最终找到了合适的人选。但新招聘的员工工作不到两个月就以不适合该岗位为由，辞职离开了公司。整个招聘工作支出的费用情况见表 9-1。

表 9-1　　尔顿公司招聘费用支出表

费用项目	费用支出	说明
招聘广告费	6 600 元	报纸 1/4 版费用为 4 600 元，另有一次招聘会费用为 2 000 元
面试成本	1 000 元	面试 1 次，共计 2 小时，每次面试官 2 人，面试官记工资成本 125 元/小时，人力资源部简历筛选人工成本为 500 元
工资与福利费用	6 000 元	月薪 5 000 元，每月“五险一金”1 000 元
培训费	8 000 元	新员工培训、部门上岗培训、业务流程培训
业务损失	10 000 元	因业务不熟悉导致业务损失

（二）测试任务

测试任务 1：招聘总成本与招聘损失计算（20 分）

根据以上提供的信息，请计算尔顿公司在生产部门人力资源专员招聘中的招聘总成本以及本次招聘失败带来的损失。

测试任务 2：资料分析（30 分）

结合材料，请分析导致尔顿公司招聘失败的原因有哪些？

测试任务 3：撰写招聘评估报告（40 分）

如果你是人力资源部招聘专员，请根据尔顿公司的招聘流程及结果，撰写一份招聘评估报告。

（三）评价标准

<table>
<tr><th colspan="2">评价内容</th><th>配分</th><th>评分标准</th><th>得分</th></tr>
<tr><td colspan="2" rowspan="2">职业素养</td><td rowspan="2">10 分</td><td>卷容格式：卷容整洁，文字编排工整清楚，格式符合要求（按 0/2/5 分的标准评分）</td><td rowspan="2"></td></tr>
<tr><td>文字表达：表达流畅，条理清楚，逻辑严密（按 0/2/5 分的标准评分）</td></tr>
<tr><td rowspan="3">工作任务</td><td>招聘总成本与招聘损失计算</td><td>20 分</td><td>要求列出招聘总成本与招聘损失的计算公式并进行计算。每个计算指标 10 分，未列计算公式扣 5 分，计算结果不正确扣 5 分。满分 20 分，扣完为止</td><td></td></tr>
<tr><td>资料分析</td><td>30 分</td><td>要求从人力资源规划、岗位分析、招聘程序、招聘渠道、招聘成本、录用决策等方面进行分析。每少一项内容扣 5 分，满分 30 分，扣完为止</td><td></td></tr>
<tr><td>撰写招聘评估报告</td><td>40 分</td><td>要求招聘评估报告文笔通顺、内容详细具体，能完整准确记录招聘各阶段的工作情况（按 0/2/5/8/10 分的标准评分）。内容主要包括招聘目标、招聘渠道的选择、招聘信息的发布、招募情况、应聘者甄选情况、录用人数、费用预算、实际费用支出、招聘完成情况、招聘过程中存在的问题、改进建议等。至少列出 6 个方面的内容，每少一项内容扣 5 分，满分 30 分，扣完为止</td><td></td></tr>
<tr><td colspan="2">合计</td><td colspan="2">100 分</td><td></td></tr>
</table>

（四）参考答案

测试任务 1：招聘总成本与招聘损失计算

尔顿公司在生产部门人力资源专员招聘中的招聘总成本：

招聘总成本=招聘广告费+面试成本=6 600+1 000=7 600（元）

尔顿公司在生产部门人力资源专员招聘中的招聘损失：

招聘总成本+工资与福利费用+培训费+业务损失=7 600+6 000+8 000+10 000=31 600（元）

测试任务 2：资料分析

导致尔顿公司招聘失败的原因主要有：

1. 人力资源规划不完整，招聘前对拟招聘职位缺乏岗位分析；

2. 没有针对工作岗位确定恰当的甄选评价标准；

3. 没有注意了解应聘者的个性特点；

4. 对面试过程不够重视；

5. 没有让应聘者充分了解工作内容。

测试任务3：撰写招聘评估报告

尔顿公司招聘评估报告

一、招聘活动概述

××××年××月××日—××××年××月××日，尔顿公司人力资源部根据各部门提交的招聘工作计划，积极开展招聘活动，并按照招聘工作规范的要求和流程执行。

此次招聘期间计划招聘1岗1人，具体为：生产部门人力资源专员1人。

采取的方式是从外部招聘人才，通过毕业生招聘洽谈会、在专业报纸上刊登招聘广告、网络招聘等形式进行招聘。使用报纸刊登招聘广告，报纸1/4版费用为 4 600元，另有一次招聘会费用为 2 000元；面试1次，共计2小时，每次面试官2人，面试官记工资成本125元/小时，人力资源部简历筛选人工成本为500元。经过笔试、面试，最终完成了招聘任务。

二、数据统计

本次招聘活动计划招聘1人，使用费用 7 600元，录用人数1人，应聘人数××人，据此得出以下数据。

1. 招聘费用及成本（总费用/录用人数）

总费用 7 600元，录用人数1人，人均招聘成本 7 600元。

2. 招聘完成率（录用人数/计划招聘人数×100%）

录取人数1人，计划招聘人数1人，招聘完成率100%。

三、数据分析

1. 成本分析

从招聘成本来看，所花费的成本主要为报纸上刊登招聘广告的费用以及参加招聘会的费用，本次招聘人员较少，人均招聘成本高。

2. 员工录用率分析

从整体录用率看，100%完成招聘计划。

四、整体招聘流程实施的评估

1. 招聘渠道

目前，公司一直从外部招聘人才，通过毕业生招聘洽谈会、在专业报纸上刊登招聘广告、网络招聘等形式进行招聘，基本能够完成公司招聘计划。本次招聘仍然选择使用网络招聘的渠道，同时也选择了一些免费的招聘网站，既节约了招聘成本，也扩大了简历的收集范围。公司从多种渠道吸引优秀应聘者到公司应聘，从而保障招聘工作的顺利完成。

2. 筛选、笔试、面试及录用过程

（1）简历筛选

根据招聘广告的发布以及网站上投递简历的数量来看，岗位的应聘人数比较多，该职位通过网络渠道发布效果较好。

（2）选拔流程

1）发笔试通知：对经过筛选后的简历中匹配度较高的人员发出笔试通知（以电话形式通知并确认），个别人员因个人原因未按规定时间参加笔试。

2）发面试通知：对经过笔试筛选后的合格人员发出面试通知（以电话形式通知并确认），个别人员因个人原因未按规定时间参加面试。

面试方法采取的是一对一的结构化面试，最终录用员工 1 名。

五、总结

公司招聘录用员工 1 名，完成招聘计划，但入职的新员工工作不到两个月以不适合该岗位为由，辞职离开了公司。

从数据看，招聘该人员共花费招聘总成本 7 600 元，工资和福利费用 6 000 元，培训费 8 000 元，并且该员工因工作失误造成 10 000 元的业务损失，各类损失合计 31 600 元，从最终的结果来看，这是一次失败的招聘。

导致公司招聘失败的原因主要有：

1. 人力资源规划不完整，招聘前对拟招聘职位缺乏岗位分析；

2. 没有针对工作岗位确定恰当的甄选评价标准；

3. 没有注意了解应聘者的个性特点；

4. 对面试过程不够重视；

5. 没有让应聘者充分了解工作内容。

希望公司人力资源部在今后招聘工作中注意对以上几个方面加以改进。

任务三　某钢铁公司制订培训计划

（一）任务描述

某钢铁有限公司是一家集炼铁、炼钢、轧钢为一体的大型钢铁企业，拥有烧结、高炉、转炉、钢板、型钢五大生产厂以及辅助生产厂，可以冶炼300个钢号、扎制650多个品种规格的钢材，已形成210万吨钢材的年生产规模。

2013年公司进行了体制改革，建立了新的公司领导班子，给公司带来了全新的现代化生产经营理念。公司规划投资建设一个不锈钢精品生产基地，计划总投资80亿元的新厂房正在建设之中，预计两年后新产品生产线可建成投产。由于新生产线采用了当今先进的生产设备和技术，相比公司已有的几条生产线，新的生产线的技术含量和自动化程度都有很大的提高。为了保证新线上马能够良好运转，目前相关人员的培训准备工作正在有条不紊地进行着。但是由于该公司是老厂，员工学历都比较低，60%的生产人员只有初中学历，有高中学历的占30%，有大专和大学学历的只占10%。一些员工正在完成高中学业，一些员工已获得和正在考取相关技术职称。公司的管理人员刚刚进行了计算机相关知识和操作的培训。目前为参加新线脱产培训的员工准备的课程有相关高中知识，新线操作的相关英语知识，新线的生产流水线技术、设备操作知识等。

公司遇到的问题是一些老线上的员工惧怕被抽调去培训，原因是怕新线上岗通不过，原先的工作又被别人取代而遭遇下岗。人力资源部的担心是对抽调的员工经过培训后是否能满足未来新线的工作要求没有把握。

（二）测试任务

测试任务　设计培训方案

根据以上资料，针对该企业存在的问题，若你是人力资源部经理，你会如何设计培训方案？使用文字表述出来。

（三）评价标准

评价内容		配分	评分标准	得分
职业素养		10 分	卷容格式：卷容整洁，文字编排工整清楚，格式符合要求（按 0/2/5 分的标准评分）	
			文字表达：表达流畅，条理清楚，逻辑严密（按 0/2/5 分的标准评分）	
工作任务	设计培训方案	90 分	要求思路清晰准确、文笔通顺，培训的意义明确，培训方案设计合理、内容翔实。培训意义不得少于 3 项，错误一项或缺少一项扣 6 分，满分 18 分，扣完为止。培训方案设计应包含培训需求、培训对象、培训内容、培训时间、培训地点、培训讲师、培训预算、实施办法、评估方式等内容，错误一项或缺少一项扣 8 分，满分 72 分，扣完为止	
合计		100 分		

（四）参考答案

员工培训方案

本次培训的意义：

通过培训使员工掌握新知识和新技能，接受新的观念和理念，开阔知识面和视野，增强员工的职业竞争能力，使员工能获得更高的收入，得到更符合自己兴趣的工作；通过培训，使公司新的生产线尽快上马投产，进一步增强公司的市场竞争力；通过培训，调整员工的思想意识、价值观和行为规范，理解和贯彻公司的战略意图，调动积极性，增强凝聚力。

培训方案的设计：

1. 分析培训需求

通过面谈法、问卷调查法、观察法和工作任务分析法进行调查研究，了解到以下内容：公司员工的年龄构成、文化结构、专业技能、价值取向等与新生产线的岗位任职要求有较大差距；公司员工对公司战略意图缺乏深入了解；公司具备基本的培训条件和能力。因此有必要对全体员工进行培训。

2. 确定培训目标

①进一步明确公司的发展战略目标；②进一步强化公司的文化；③掌握与新生产线有关的知识和技能；④了解新生产线的管理知识；⑤了解现代钢铁企业技术和管理发展的趋势。

3. 培训内容、培训对象与培训方式方法（参见下表）

①根据培训需求，设计培训内容；②根据培训对象与培训内容，选择培训方式与方法；③确定培训的考核方式；④确定培训结果的反馈方案。

培训方法选择举例

培训内容	培训对象	培训方法	考核方式
公司的发展战略	全体员工	讨论交流、讲授	笔试
公司的文化	全体员工	讨论交流、讲授	笔试
现代钢铁企业技术和管理发展趋势	全体员工	讨论交流、影视、讲授	笔试
新生产线的基本知识	全体员工	讨论交流、讲授	笔试
新生产线的操作技能	生产工人	讨论交流、影视、讲授、演示	实际操作
新生产线的管理知识	生产工人与基层管理人员	案例分析、讨论交流	案例分析、笔试

4. 培训时间

20××年×月。

5. 培训地点

操作技能的培训在车间，其余在公司多功能会议厅。

6. 培训师

人力资源部张三（讲授公司发展战略、公司文化）；

技术部经理李四（讲授现代钢铁企业技术和管理发展趋势）；

生产部经理王五（讲授新生产线的基本知识、操作技能、管理知识）。

7. 培训预算

①场地、设备使用费____元；②教材和资料费____元；③讲课费____元；④交通、通信费____元；⑤受训者的工资____元；⑥其他备用金____元。

8. 培训计划的实施

①帮助大家确立合适的培训目标；②规范员工的学习行为和学习动机；③树立榜样、评比表扬、奖励等多种激励措施相结合，调动员工学习的积极性和主动性。

9. 培训效果评估

①本次培训是否达到预期的目标：②参训员工的知识和技能是否得到提高；③员工的工作态度是否有改变；④培训的内容、方法和安排是否合适；⑤培训中出现了哪些需要改进的问题。

10. 培训结果的反馈

①根据本次培训的考核结果择优选拔员工配置到新生产线的岗位上；②本次培训的考核全部记入员工培训档案。

附录

党政机关公文处理工作条例

（中办发〔2012〕14号　2012年4月16日）

第一章　总　　则

第一条　为了适应中国共产党机关和国家行政机关（以下简称党政机关）工作需要，推进党政机关公文处理工作科学化、制度化、规范化，制定本条例。

第二条　本条例适用于各级党政机关公文处理工作。

第三条　党政机关公文是党政机关实施领导、履行职能、处理公务的具有特定效力和规范体式的文书，是传达贯彻党和国家的方针政策，公布法规和规章，指导、布置和商洽工作，请示和答复问题，报告、通报和交流情况等的重要工具。

第四条　公文处理工作是指公文拟制、办理、管理等一系列相互关联、衔接有序的工作。

第五条　公文处理工作应当坚持实事求是、准确规范、精简高效、安全保密的原则。

第六条　各级党政机关应当高度重视公文处理工作，加强组织领导，强化队伍建设，设立文秘部门或者由专人负责公文处理工作。

第七条　各级党政机关办公厅（室）主管本机关的公文处理工作，并对下级机关的公文处理工作进行业务指导和督促检查。

第二章　公文种类

第八条　公文种类主要有：

（一）决议。适用于会议讨论通过的重大决策事项。

（二）决定。适用于对重要事项作出决策和部署、奖惩有关单位和人员、变更或者撤销下级机关不适当的决定事项。

（三）命令（令）。适用于公布行政法规和规章、宣布施行重大强制性措施、批准授予和晋升衔级、嘉奖有关单位和人员。

（四）公报。适用于公布重要决定或者重大事项。

（五）公告。适用于向国内外宣布重要事项或者法定事项。

（六）通告。适用于在一定范围内公布应当遵守或者周知的事项。

（七）意见。适用于对重要问题提出见解和处理办法。

（八）通知。适用于发布、传达要求下级机关执行和有关单位周知或者执行的事项，批转、转发公文。

（九）通报。适用于表彰先进、批评错误、传达重要精神和告知重要情况。

（十）报告。适用于向上级机关汇报工作、反映情况，回复上级机关的询问。

（十一）请示。适用于向上级机关请求指示、批准。

（十二）批复。适用于答复下级机关请示事项。

（十三）议案。适用于各级人民政府按照法律程序向同级人民代表大会或者人民代表大会常务委员会提请审议事项。

（十四）函。适用于不相隶属机关之间商洽工作、询问和答复问题、请求批准和答复审批事项。

（十五）纪要。适用于记载会议主要情况和议定事项。

第三章　公 文 格 式

第九条　公文一般由份号、密级和保密期限、紧急程度、发文机关标志、发文字号、签发人、标题、主送机关、正文、附件说明、发文机关署名、成文日期、印章、附注、附件、抄送机关、印发机关和印发日期、页码等组成。

（一）份号。公文印制份数的顺序号。涉密公文应当标注份号。

（二）密级和保密期限。公文的秘密等级和保密的期限。涉密公文应当根据涉密程度分别标注“绝密”“机密”“秘密”和保密期限。

（三）紧急程度。公文送达和办理的时限要求。根据紧急程度，紧急公文应当分别标注“特急”“加急”，电报应当分别标注“特提”“特急”“加急”“平急”。

（四）发文机关标志。由发文机关全称或者规范化简称加“文件”二字组成，也可以使用发文机关全称或者规范化简称。联合行文时，发文机关标志可以并用联合发文机关名称，也可以单独用主办机关名称。

（五）发文字号。由发文机关代字、年份、发文顺序号组成。联合行文时，使用主办机关的发文字号。

（六）签发人。上行文应当标注签发人姓名。

（七）标题。由发文机关名称、事由和文种组成。

（八）主送机关。公文的主要受理机关，应当使用机关全称、规范化简称或者同类型机关统称。

（九）正文。公文的主体，用来表述公文的内容。

（十）附件说明。公文附件的顺序号和名称。

（十一）发文机关署名。署发文机关全称或者规范化简称。

（十二）成文日期。署会议通过或者发文机关负责人签发的日期。联合行文时，署最后签发机关负责人签发的日期。

（十三）印章。公文中有发文机关署名的，应当加盖发文机关印章，并与署名机关相符。有特定发文机关标志的普发性公文和电报可以不加盖印章。

（十四）附注。公文印发传达范围等需要说明的事项。

（十五）附件。公文正文的说明、补充或者参考资料。

（十六）抄送机关。除主送机关外需要执行或者知晓公文内容的其他机关，应当使用机关全称、规范化简称或者同类型机关统称。

（十七）印发机关和印发日期。公文的送印机关和送印日期。

（十八）页码。公文页数顺序号。

第十条 公文的版式按照《党政机关公文格式》国家标准执行。

第十一条 公文使用的汉字、数字、外文字符、计量单位和标点符号等，按照有关国家标准和规定执行。民族自治地方的公文，可以并用汉字和当地通用的少数民族文字。

第十二条 公文用纸幅面采用国际标准 A4 型。特殊形式的公文用纸幅面，根据实际需要确定。

第四章 行文规则

第十三条 行文应当确有必要，讲求实效，注重针对性和可操作性。

第十四条 行文关系根据隶属关系和职权范围确定。一般不得越级行文，特殊情况需要越级行文的，应当同时抄送被越过的机关。

第十五条 向上级机关行文，应当遵循以下规则：

（一）原则上主送一个上级机关，根据需要同时抄送相关上级机关和同级机关，不抄送下级机关。

（二）党委、政府的部门向上级主管部门请示、报告重大事项，应当经本级党委、政府同意或者授权；属于部门职权范围内的事项应当直接报送上级主管部门。

（三）下级机关的请示事项，如需以本机关名义向上级机关请示，应当提出倾向性意见后上报，不得原文转报上级机关。

（四）请示应当一文一事。不得在报告等非请示性公文中夹带请示事项。

（五）除上级机关负责人直接交办事项外，不得以本机关名义向上级机关负责人报送公文，不得以本机关负责人名义向上级机关报送公文。

（六）受双重领导的机关向一个上级机关行文，必要时抄送另一个上级机关。

第十六条 向下级机关行文，应当遵循以下规则：

（一）主送受理机关，根据需要抄送相关机关。重要行文应当同时抄送发文机关的直接上级机关。

（二）党委、政府的办公厅（室）根据本级党委、政府授权，可以向下级党委、政府行文，其他部门和单位不得向下级党委、政府发布指令性公文或者在公文中向下级党委、政府提出指令性要求。需经政府审批的具体事项，经政府同意后可以由政府职能部门行文，文中须注明已经政府同意。

（三）党委、政府的部门在各自职权范围内可以向下级党委、政府的相关部门行文。

（四）涉及多个部门职权范围内的事务，部门之间未协商一致的，不得向下行文；擅自行文的，上级机关应当责令其纠正或者撤销。

（五）上级机关向受双重领导的下级机关行文，必要时抄送该下级机关的另一个上级机关。

第十七条 同级党政机关、党政机关与其他同级机关必要时可以联合行文。属于党委、政府各自职权范围内的工作，不得联合行文。

党委、政府的部门依据职权可以相互行文。

部门内设机构除办公厅（室）外不得对外正式行文。

第五章 公文拟制

第十八条 公文拟制包括公文的起草、审核、签发等程序。

第十九条 公文起草应当做到：

（一）符合党的理论路线方针政策和国家法律法规，完整准确体现发文机关意图，并同现行有关公文相衔接。

（二）一切从实际出发，分析问题实事求是，所提政策措施和办法切实可行。

（三）内容简洁，主题突出，观点鲜明，结构严谨，表述准确，文字精练。

（四）文种正确，格式规范。

（五）深入调查研究，充分进行论证，广泛听取意见。

（六）公文涉及其他地区或者部门职权范围内的事项，起草单位必须征求相关地区或者部门意见，力求达成一致。

（七）机关负责人应当主持、指导重要公文起草工作。

第二十条 公文文稿签发前，应当由发文机关办公厅（室）进行审核。审核的重点是：

（一）行文理由是否充分，行文依据是否准确。

（二）内容是否符合党的理论路线方针政策和国家法律法规；是否完整准确体现发文机关意图；是否同现行有关公文相衔接；所提政策措施和办法是否切实可行。

（三）涉及有关地区或者部门职权范围内的事项是否经过充分协商并达成一致意见。

（四）文种是否正确，格式是否规范；人名、地名、时间、数字、段落顺序、引文等是否准确；文字、数字、计量单位和标点符号等用法是否规范。

（五）其他内容是否符合公文起草的有关要求。

需要发文机关审议的重要公文文稿，审议前由发文机关办公厅（室）进行初核。

第二十一条 经审核不宜发文的公文文稿，应当退回起草单位并说明理由；符合发文条件但内容需作进一步研究和修改的，由起草单位修改后重新报送。

第二十二条 公文应当经本机关负责人审批签发。重要公文和上行文由机关主要负责人签发。党委、政府的办公厅（室）根据党委、政府授权制发的公文，由受权机关主要负责人签发或者按照有关规定签发。签发人签发公文，应当签署意见、姓名和完整日期；圈阅或者签名的，视为同意。联合发文由所有联署机关的负责人会签。

第六章 公文办理

第二十三条 公文办理包括收文办理、发文办理和整理归档。

第二十四条 收文办理主要程序是：

（一）签收。对收到的公文应当逐件清点，核对无误后签字或者盖章，并注明签收时间。

（二）登记。对公文的主要信息和办理情况应当详细记载。

（三）初审。对收到的公文应当进行初审。初审的重点是：是否应当由本机关办理，是否符合行文规则，文种、格式是否符合要求，涉及其他地区或者部门职权范围内的事项是否已经协商、会签，是否符合公文起草的其他要求。经初审不符合规定的公文，应当及时退回来文单位并说明理由。

（四）承办。阅知性公文应当根据公文内容、要求和工作需要确定范围后分送。批办性公文应当提出拟办意见报本机关负责人批示或者转有关部门办理；需要两个以上部门办理的，应当明确主办部门。紧急公文应当明确办理时限。承办部门对交办的公文应当及时办理，有明确办理时限要求的应当在规定时限内办理完毕。

（五）传阅。根据领导批示和工作需要将公文及时送传阅对象阅知或者批示。办理公文传阅应当随时掌握公文去向，不得漏传、误传、延误。

（六）催办。及时了解掌握公文的办理进展情况，督促承办部门按期办结。紧急公文或者重要公文应当由专人负责催办。

（七）答复。公文的办理结果应当及时答复来文单位，并根据需要告知相关单位。

第二十五条　发文办理主要程序是：

（一）复核。已经发文机关负责人签批的公文，印发前应当对公文的审批手续、内容、文种、格式等进行复核；需作实质性修改的，应当报原签批人复审。

（二）登记。对复核后的公文，应当确定发文字号、分送范围和印制份数并详细记载。

（三）印制。公文印制必须确保质量和时效。涉密公文应当在符合保密要求的场所印制。

（四）核发。公文印制完毕，应当对公文的文字、格式和印刷质量进行检查后分发。

第二十六条　涉密公文应当通过机要交通、邮政机要通信、城市机要文件交换站或者收发件机关机要收发人员进行传递，通过密码电报或者符合国家保密规定的计算机信息系统进行传输。

第二十七条　需要归档的公文及有关材料，应当根据有关档案法律法规以及机关档案管理规定，及时收集齐全、整理归档。两个以上机关联合办理的公文，原件由主办机关归档，相关机关保存复制件。机关负责人兼任其他机关职务的，在履行所兼职务过程中形成的公文，由其兼职机关归档。

第七章　公文管理

第二十八条　各级党政机关应当建立健全本机关公文管理制度，确保管理严格规范，充分发挥公文效用。

第二十九条　党政机关公文由文秘部门或者专人统一管理。设立党委（党组）的县级以上单位应当建立机要保密室和机要阅文室，并按照有关保密规定配备工作人员和必要的安全保密设施设备。

第三十条 公文确定密级前，应当按照拟定的密级先行采取保密措施。确定密级后，应当按照所定密级严格管理。绝密级公文应当由专人管理。

公文的密级需要变更或者解除的，由原确定密级的机关或者其上级机关决定。

第三十一条 公文的印发传达范围应当按照发文机关的要求执行；需要变更的，应当经发文机关批准。

涉密公文公开发布前应当履行解密程序。公开发布的时间、形式和渠道，由发文机关确定。

经批准公开发布的公文，同发文机关正式印发的公文具有同等效力。

第三十二条 复制、汇编机密级、秘密级公文，应当符合有关规定并经本机关负责人批准。绝密级公文一般不得复制、汇编，确有工作需要的，应当经发文机关或者其上级机关批准。复制、汇编的公文视同原件管理。

复制件应当加盖复制机关戳记。翻印件应当注明翻印的机关名称、日期。汇编本的密级按照编入公文的最高密级标注。

第三十三条 公文的撤销和废止，由发文机关、上级机关或者权力机关根据职权范围和有关法律法规决定。公文被撤销的，视为自始无效；公文被废止的，视为自废止之日起失效。

第三十四条 涉密公文应当按照发文机关的要求和有关规定进行清退或者销毁。

第三十五条 不具备归档和保存价值的公文，经批准后可以销毁。销毁涉密公文必须严格按照有关规定履行审批登记手续，确保不丢失、不漏销。个人不得私自销毁、留存涉密公文。

第三十六条 机关合并时，全部公文应当随之合并管理；机关撤销时，需要归档的公文经整理后按照有关规定移交档案管理部门。

工作人员离岗离职时，所在机关应当督促其将暂存、借用的公文按照有关规定移交、清退。

第三十七条 新设立的机关应当向本级党委、政府的办公厅（室）提出发文立户申请。经审查符合条件的，列为发文单位，机关合并或者撤销时，相应进行调整。

第八章 附 则

第三十八条 党政机关公文含电子公文。电子公文处理工作的具体办法另行制定。

第三十九条 法规、规章方面的公文，依照有关规定处理。外事方面的公文，依照外事主管部门的有关规定处理。

第四十条 其他机关和单位的公文处理工作，可以参照本条例执行。

第四十一条 本条例由中共中央办公厅、国务院办公厅负责解释。

第四十二条 本条例自2012年7月1日起施行。1996年5月3日中共中央办公厅发布的《中国共产党机关公文处理条例》和2000年8月24日国务院发布的《国家行政机关公文处理办法》停止执行。